사주첩경과 도계실관을 중심으로

사주 육친론
깊이 읽기

머리말

93년 가을 무렵 역문관 노석 선생님을 처음 뵈었을 때였다.

"자네는 나와 기록을 남겨 보세. 돌아가신 도계 선생님 자료도 정리하고, 역문관에 있었던 자료들도 책으로 남겨볼 예정이네."

선생님은 내게 '기록'을 남기라고 하셨다. 수천년 내려온 오행의 비밀을 자기가 끊을 수 없으니 시간되는 대로 자신이 하는 이야기를 듣고 정리해 달라고 하셨다. 중국 무협지에서나 읽어보았던 음양오행 공부를 나는 그렇게 뜬금없이 시작했다. 벌써 30년이나 흐른 옛이야기이다.

어느 날인가 저녁자리였다. 선생님 모시고 술도 몇 잔 마시며 오행 이야기를 듣고 있었던 때였다.

"명(命)이란 바꿀 수 없는 거야. 세상에 바꿀 수 없는 게 바로 가족인데, 사주공부는 육친(六親:가족관계)을 이해해야 된다네. 자네는 젊으니까 한 30년 지나면 아마 알 수 있을 거야."

그리고 세월이 흘러 어느덧 30년이 지났다. 선생님은 이미 세상을 떠나셨다. 최근 선생님께 들었던 이야기를 정리해『명리의 비밀을 여는 9가지 열쇠』라는 서적을 출간했는데, 그걸 읽고 역문관 명리와 육친론에 대한 문의가 제법 많았다. 그런데 육친론이란 것이 누구나가 이해하는 분야가 아닌지라 뚜렷하게 추천할 만한 책이 마땅치 않았다.

그러던 중 이석영 선생의『사주첩경』과 도계 선생님의『도계실관』을 가지고 육친론에 대한 좀 더 깊은 저술을 해야겠다는 마음이 들었다. 그래서 1부에서는『사주첩경』을 중심으로 '육친론'을 설명하고, 2부에서는『도계실관』을 중심으로 '인연법'을 해설하게 되었다.

1부에서 『사주첩경』으로 육친론을 설명한 것은 다음과 같은 이유이다.

첫째, 『사주첩경』 3권의 추명가 부분을 소개하기 위해서이다. 추명가는 일제강점기 전설적인 명리의 대가인 전백인 선생님으로부터 나온 것으로 보인다. 추명가는 전백인 선생의 구술이라고 알려져 있는데, 중국의 사주원전과는 다른 여러 가지 구결들이 적혀있어 한번 소개할 만하다고 생각했다.

둘째, 사람들의 가족관계가 자세히 설명되어 있다는 점이다. 사주첩경에는 1950년-1960년대를 살았던 사람의 사주와 가족관계가 비교적 상세히 수록되어 있으므로 육친이론과 실제의 사실관계를 확인할 수 있는 것이 장점이다.

셋째, 도계 박재완 선생님의 『도계실관』을 중심으로 육친론을 해설하면, 너무 문파의 이론에 충실하게 되어 편향적이란 논란을 우려해서이다. 이석영 선생의 『사주첩경』은 명리를 공부한 사람들이 누구나 한번쯤 공부하는 책인 만큼 여기에 육친론 해설을 적용하면 어느 정도 객관성을 확보할 수 있다고 생각한다.

이런 연유에서 2020년도 역문관 아카데미에서는 '사주첩경 추명가' 과목을 강의했었다.(관련 내용은 일부 유튜브에 무료공개 되어 있다) 이 책은 당시 강의교재로 썼던 내용을 편집한 것으로, 당시의 강의 유튜브 영상을 보면서 참조한다면 더욱 효과적으로 육친론을 이해하실 수 있을 거라고 생각한다.

또한 더 깊이 공부하고 싶은 사람들을 위해 『도계실관』을 중심으로 '인연법'에 대한 해설도 2부에서 다루었다. 도계 선생님의 간명지에는 운명적으로 만나게 되는 배우자의 띠를 적어 놓고 있다. 인연법은 무슨 띠를 배우자로 취하게 되는가를 살펴보는 방법이다.

누구를 배우자로 맞게 되는가는 그야말로 운명의 소치라고 할 수 있는데, 그중에 사주를 통해 무슨 띠를 배우자로 맞게 되리란 것을 예측한다는 것은 그야말로 신비의 영역이라고 할 수 있다.

인연법은 흔히 부산 박도사(박제산)가 정립한 것으로 알려져 있지만, 실상은 그렇지 않다. 도계 박재완 선생님의 70-80년대의 간명지를 살펴보면, 사람들의 사주를 풀어 주면서 언제 무슨 띠와 인연하게 된다고 분명히 밝히고 있다. 다시 말해 인연법은 일정한 전승의 계보를 통해 전해 내려온 것이지 누군가에 의해 만들어지거나 정립된 것은 아닌 셈이다.

도계 박재완 선생님은 생전에 언론사와 인터뷰를 통해 자신을 비롯한 4명이 전백인 선생으로부터 직접 명리를 배웠다고 술회하신

적이 있다. 이로 미루어 볼 때 조선 말에 태어나 일제강점기를 거치면서 전설적인 실력을 드러냈던 전백인 선생으로부터 인연법이 전승되지 않았을까 추정해볼 뿐이다.

그동안 인연법은 몇몇 사람들에게만 알려져 왔을 뿐 명리를 혼자 공부해왔거나 초보 술사들에게는 실체가 전혀 알려지지 않았다. 역문관 아카데미에서는 육친론에 대한 깊은 이해를 돕기 위해『도계실관』에 수록된 명조중 배우자 인연이 언급된 45개 명조를 선정, 인연법의 작동원리를 해설해 보았다. 본문의 구성은 도계선생의 간명지에서 해당부분을 발췌한 뒤 해당 구결과 이유를 달았다.

그동안 도계 박재완 선생님이나 역문관 유충엽 선생님이 배우자 인연을 알아내던 방식을 궁금해하던 사람들이 많았다. 노석 유충엽 선생님께서 세상을 떠나신 지 10년이 넘으면서 제자들이 흩어지고, 또 뛰어난 실력을 지녔던 동문의 사형들도 세상을 떠나게 되었다.

누군가가 전승하거나 기록하지 않으면 수백년간 내려온 '인연법의 비밀'이 실체를 드러내지 못하고 사라질까하는 걱정이 가시지 않던 중 역문관아카데미를 열고 회원분들과 인연법에 대해 토론하고 의견을 나누는 과정에서 그동안 풀지 못했던 '인연법의 비밀'을 완전히 숙지할 수 있었다.

이로써 도계 박재완 선생님의 학문이 세상이 널리 이어지기를 바라며 '도계실관'에 수록된 45개 명조의 분석을 통해 역문관 인연법을 집필하게 되었다. 이 교재를 중심으로 열심히 공부하면 '어떤 배우자를 만나는 운명'인지를 한눈에 파악하는 힘을 기를 수 있게 되리라 확신한다.

　명리공부를 시작하는 사람들은 대개 신강신약론에 입각해서 용신찾기에 주력한다. 나도 오랫동안 그런 방식으로 공부해 봤지만 쉽사리 실력이 향상되지 못해 늘 아쉬웠다.

　이 책은 명리를 이제 막 시작한 초급자를 위해 쓴 책은 아니다. 신강신약론을 넘지 못해 밤새 고민하는 중급자이거나 용신론을 넘어 육친관계를 좀 더 배우고 싶어 하는 분들을 위해 쓰여 졌다고 말하고 싶다. 나아가 이 책은 명리에 대한 기록을 남겨 달라던 30년 전 역문관 노석 선생님 말씀에 대한 뒤늦은 응답이다.

2022.3.

춘분절 삼각산인

머리말 2
프롤로그 육친론 개요 12

Part. I
사주첩경 추명가 해설
육친론

제1부
남자에게
인기 많은
여인

남자에게 인기 많은 여인	27
기생 사주	32
첩을 두는 남자	37
국제결혼한 여인	43
남편이 첩을 둔 여인	49

제2부
아내가
도망간
남자

아내가 도망간 남자	54
남편이 교통사고 사망	60
남편과 사별한 여인	66
남편이 납치된 사주	78
여섯 번 결혼한 여자	85

목 차

제 3 부 **남편이** **의처증 환자**	남편이 의처증 환자	91
	정신병 걸린 여인	96
	식모살이	101
	알콜중독 남편	106
	고독한 귀부인 사주	110
제 4 부 **자식을** **낳지 못하는** **여인**	자식을 낳지 못하는 여인	116
	자식을 잃게 되는 여인	123
	자식이 불구인 사주	128
	난산하는 여인	135
제 5 부 **남편이** **출세하는** **여인**	남편이 출세하는 여인	141
	공부 잘하는 사주	146
	은행가 사주	153
	의사 사주	159
	외국에서 출세하는 여인	166

Part. II
도계실관 해설
역문관 인연법

제1부 귀록인연법	길신이 투간하면 녹왕지를 찾아 인연한다	177
	일주가 무근하면 녹왕지로 인연한다	181
	배우자성이 투간하면 녹왕지로 인연한다	184
제2부 투간인연법	길신투간하여 인연한다	187
	배우자궁에서 투간하여 인연한다	189
	배우자성이 투간하여 인연한다	195
제3부 칠살인연법	칠살이 득세하면 통관으로 인연한다	198
	관살이 태왕하면 식신제살로 인연한다	202
	양인 합살로 인연한다	204
제4부 합충인연법	배우자궁과 합하여 인연한다	209
	배우자성과 합하여 인연한다	213
	복음이 있으면 합충으로 인연한다	215
	합반되면 충하여 인연한다	217
	탐합망충으로 인연한다	219

제 5 부 허자인연법	삼합일허면 허자로 인연한다	222
	삼형일허면 허자로 인연한다	226
	배우자성이 없으면 비합자로 인연한다	228
	천을귀인이 하나면 또 하나를 불러들여 인연한다	232

제 6 부 희신인연법	甲목과 己토는 양토육목으로 인연한다	235
	甲목이 조열하면 화치승룡으로 인연한다	238
	乙목은 등라계갑으로 인연한다	241
	庚금과 丁화는 화련진금으로 인연한다	243
	설하는 글자가 없으면 식상으로 인연한다	245
	丁화는 여유적모로 인연한다	248
	辛금일주는 도세주옥으로 인연한다	250
	壬癸수는 의설하니 甲乙목으로 인연한다	252
	수다목부하니 戊토로 제방을 삼는다	254

제 7 부 기타인연법	년시근접하면 생시로 인연한다	258
	배우자성이 입고하면 개고하여 인연한다	261
	조후선요로 인연한다(調候先要)	263
	기신합거로 인연한다(忌神合去)	266

편집후기	궁합무용론 : 남녀의 인연은 전생에서 온다 (夫妻因緣宿世來)	270

프롤로그

육친론 개요[1]

년은 근(根)이요 월은 묘(苗)가 되고, 일은 화(花)요 시는 실(實)이 된다. 남자는 재성이 처성이요 또한 좌하가 처궁이다. 여자는 관성이 부성이요 좌하가 또한 부궁이며 용신이 자손이요 용신을 생하는 원신이 처성이다. 년월은 부모형제궁이요 일간은 자신이요, 일지는 처궁이요 시는 자손궁이다.

『명리사전』(박재완)

---

1) 육친론 기초이론은 졸저,『명리의 비밀을 여는 9가지 열쇠』에서 발췌, 요약한 것입니다.

1. 근묘화실(根苗花實)과 궁위

사주는 년주/월주/일주/시주의 4가지 기둥을 골격으로 하고 있다. 이 네 기둥은 봄-여름-가을-겨울의 사계절과 동일한 대칭구조를 갖게 되는데 이를 근묘화실(根苗花實)이라고 명명한다. 씨앗이 뿌리를 내리고(根), 싹이 돋아나며(苗), 꽃이 피고(花), 열매(實)를 거둬들이는 과정이 인간의 일생에도 구현, 아래 도표처럼 시간이 배속된다. 년은 1-15세, 월은 15-30세, 일은 30-45세, 시는 45-60세에 해당한다.

시(時)	일(日)	월(月)	년(年)
庚午	戊辰	丙寅	甲子
실(實)	화(花)	묘(苗)	근(根)
노년(老年)	장년(壯年)	청년(靑年)	소년(少年)
45-60세	30-45세	15-30세	1-15세

가령 甲子년 丙寅월 戊辰일 庚午시에 태어난 남자의 경우, 1-15세까지는 년주인 甲子, 15-30세까지는 월주 丙寅, 30-45세까지는 일주 戊辰, 45-60세까지는 시주 庚午의 영향에 놓인다. 이를 사주의 연한(年限)이라고 한다.

2. 육친성

연해자평(淵海子平)이후의 명리는 일간(日干)을 중심에 놓고 나머지 일곱 글자들을 생극관계에 재관인식(財官印食)으로 나누어 구별하고 있다. 일간이 극하는 것은 재(財), 일간을 극하는 것은 관(官), 일간을 생하는 것은 인(印), 일간이 생하는 것은 식(食)이라고 부른다.

재관인식을 육친성(六親星)이라고 부르는데, 이는 재관인식이 실제로 한 사람의 가족관계와 대응하기 때문이다. 일간을 나로 놓았을 때 내가 극하는 것은 재성이 되는데, 남자의 경우 재성은 곧 처가 되거나 아버지가 된다. 나를 극하는 것은 관성인데 남자의 경우 관성은 자식이 되고, 여자의 경우는 관성이 남편이 된다. 나를 생하는 것은 인성인데 인성은 어머니이다. 내가 생하는 식상은 여성의 경우 자식이 된다.

천간은 음간과 양간으로 나눌 수 있는데, 양간은 언제나 자신이 극하는 재성과 합하고 음간은 언제나 자신을 극하는 관성과 합하게 된다. 따라서 양에 해당하는 남자는 재성, 음에 해당하는 여성은 관성을 배우자로 간주한다.

예를 들어 양간 甲목의 입장에서 합하는 己토는 정재이므로, 己토

정재를 배우자(처)로 취한다. 음간 乙목의 입장에서 합하는 庚금은 관성이므로, 庚금 관성을 배우자(남편)로 삼는 것이다.

양간	甲	丙	戊	庚	壬
음간	己	辛	癸	乙	丁

[표] 천간합의 예시

3. 육친궁

사주의 네 기둥들은 각각의 궁위로 나누어 볼 수 있다. 년주는 조상궁, 월주는 부모궁, 일주는 자신과 배우자궁, 시주는 자손궁으로 배속된다. 여기에 재관인식의 육친궁을 대입하면 육친궁과 육친성이 일치된 궁성론의 기본도표가 완성된다.

時	日	月	年
庚	甲	戊	壬
乙	己	癸	丁
자손궁	자기궁(배우자)	부모궁	조상궁

甲목은 己토 정재와 합하므로 처성이 되고 배우자궁에 위치한다. 己토가 생하는 편관 庚금은 아들에 해당하므로 자손궁에 위치한다. 나를 생해주는 癸수인성은 어머니이므로 부모궁에 위치하고, 癸수 어머니와 합하는 戊토편재는 아버지가 되어 부모궁에 위치한다. 戊토를 생하는 丁화는 곧 할머니이고, 丁화와 합한 壬수는 할아버지가 되어 조상궁에 위치한다. 주의할 점은 육친성은 육친궁과 연결되어 있을 때 명확한 해당 육친이 된다는 점이다. 배우자성을 중심으로 설명한다면, 甲목 일간의 경우, 己토는 처성이 되지만 배우자궁과 연결되어 있지 않다면 처로 보지 못한다는 점이다.

●	甲	●	●
●	寅	●	午	乾

년지 午화의 지장간에는 丙/己/丁이 있는데, 그중에 己토는 甲목의 정재 처성이다. 그런데 午중 己토는 寅午합으로 일지 배우자궁과 연결되어 있으므로 甲목의 처가 명확하다고 할 수 있다.

●	甲	●	●
●	寅	子	午	乾

년지 午중의 己토가 배우자궁과 연결되어 있는데, 子午충을 한다면, 배우자궁과의 연결이 끊어진다. 따라서 子수의 년한인 대략 22세에서 30세 즈음에 午화와 이별하게 될 것을 암시한다.

●	乙	庚	辛
●	酉	●	亥	坤

이 여성의 배우자궁은 酉금인데 그중에 庚금과 辛금이 모두 천간에 투간되었다. 년상 辛금은 정관이 아니라 편관일 뿐만 아니라 亥수가 배우자궁과 연관성이 전혀 없으므로 乙목의 배우자가 되기 어렵다. 월상 庚금은 일간 乙목과 乙庚합하므로 배우자가 맞다.

4. 궁성론의 실제 활용 방법

甲 丁 乙 丙
辰 巳 未 午 乾 사주첩경 의처증
壬 辛 庚 己 戊 丁 丙
寅 丑 子 亥 戌 酉 申

사주첩경 해설

월지 未토에서 乙이 투하니 인수격이라, 丁화일주 목화상생하여 신왕한 구조이다. 설기함을 기뻐하는데 辰토를 만났다. 목화토로만 구성되어 삼상격이다. 비견겁이 합하여 배다른 형제가 있다. 지장간 속에 乙庚합하니 재취한 어머니다. 巳중 庚이 정재로 처에 해당한다. 비견 겁재를 많이 가져 의처증이 생긴다. 의처증이 심각하여 정신이 혼미하다. 재성과 식신이 합하니 장모와 동거한다.

丁화 일간의 배우자궁은 巳화인데, 巳의 지장간에는 丙/庚/戊가 있다. 배우자궁에 庚금 정재(배우자성)을 가지고 있으니 처가 확실하다. 그런데 巳화의 지장간에는 丙화 겁재가 같이 있으므로 아내 庚금을 丙화겁재가 취하고 있다고 생각해서 의처증을 유발하게 된다.

사주첩경의 해설에 의하면 어머니가 재취로 시집왔다고 기록되어 있다. 어머니 궁은 월지 未토인데, 월지 未토의 지장간 丁/乙/己중에서 乙목인성이 월상으로 투간되었다. 부모궁에 어머니성인 인성이 존재하니 당연히 어머니가 된다. 아버지는 巳화중에 암장된 庚금편재인데 어머니성과 乙庚합하므로 아버지라고 확정할 수 있다. 그런데 시상 甲목 역시 未중 己토와 甲己합하므로 어머니성이 어머니궁과 연관을 가지고 있다고 말할 수 있다. 丁화일간으로 보면 월상의 乙목은 편인, 시상의 甲목은 정인이 되는데, 乙목은 월에 있고 甲목은 뒤에 있으므로 乙목은 큰어머니 甲목은 본인의 어머니가 된다.

己 辛 癸 壬
亥 亥 丑 寅 坤 하중기 간명

부모가 이혼했고 멀리 해외로 나이든 남편에게 시집갔다고 한다. 월지 丑토는 부모궁인데 지장간에 癸/辛/己가 암장되어 있다. 그중에 癸수와 己토가 모두 천간에 투간했으므로 월상 癸수와 시상 己토가 어머니라고 할 수 있다. 아버지는 년월에 있는 재성인데 년상에 寅목이 寅丑합으로 부모궁과 연관을 지니게 되므로 아버지라고 확정할 수 있다.

그런데 아버지가 寅丑합 寅亥합하는 모습이 보이므로 아버지는 두 번 이상 결혼하고 어머니 역시 여러 명이란 걸 알 수 있다.

남편궁은 亥수인데 壬수가 年상으로 투간했다. 남편성은 寅중에 암장된 丙화로는 辛금과 丙辛합할뿐만 아니라 寅亥합하고 있다. 성이 궁으로 들어오므로 남편으로 확정할 수 있다. 寅목이 월지 丑토와 먼저 합한 뒤에 亥수와 합하므로 이 여자는 재취로 결혼한다는 것을 유추할 수 있다.

庚 丁 己 乙
戌 丑 卯 未 乾 4 하중기 간명

이 사람은 2남 1녀 중의 둘째이다. 일간 丁화의 어머니는 卯중에서 투간한 乙목이므로 乙목의 식상이 되는 丙丁화가 이 사주명조의 형제라고 할 수 있다. 년지 未토에 있는 丁화는 형, 시지 戌중에 있는 丁火는 동생이 된다.

未토에 있는 丁화는 나와 동일한 음으로 형제, 시지 戌중 丁화는 이성(異性)이므로 누이이다. (未토는 음토이므로 丁화와 동성, 戌토는 양토이므로 丁화와 이성)

5. 육친성의 변화

궁성론의 핵심은 궁과 성이 일치하면, 해당하는 육친을 의미한다고 요약할 수 있다. 그런데 원국에 성(星)이 보이지 않으면 일종의 변화가 일어난다.

대표적인 것이 비견(녹신:祿神)이 어머니가 되는 경우이다. 甲木일주의 경우 戊토편재가 아버지라면, 정재인 己토도 같은 토이므로 아버지가 된다. 甲木은 己토와 합하는 관계인데. 합한 것은 배우자로 볼 수 있으므로 아버지 己토와 합한 甲木은 어머니가 됩니다. 甲木은 나의 비견이자 지지로 내려오면 寅木이 되므로, 甲/寅 모두 어머니성이 될 수 있다. 따라서 년월에 비견/녹신이 있다면 어머니로 보아야 한다.

母	日干	父	판단근거
癸	甲	戊	戊癸합은 배우자
甲		己	甲己합은 배우자

己 甲 庚 丙
巳 子 寅 申 乾 2 건상비술

乙 甲 癸 壬 辛
未 午 巳 辰 卯

건상비술 해설

년월이 천극지충하고 있다. 조상이 몰락하여 출신이 빈한하다. 장남이지만 형제간에 극함이 있다. 생각이 얕고 흠이 있으며 왕왕 졸렬하다. 癸巳대운 乙丑년 1월 어머니를 잃었다. 그해 10월 본인도 차사고로 죽었다.

월지는 어머니궁인데, 여기에 녹신(祿神)이 위치하고 있으므로 인목이 어머니가 된다. 그런데 근묘화실(根苗花實)상 20대 후반에서 30을 전후한 시기 寅申충이 일어나므로 어머니가 돌아가시게 된다는 것을 암시하고 있다. 癸巳대운 삼형이 이루어져 寅목이 무너지므로 어머니가 돌아가셨다.

* 녹신은 12운성상 천간이 녹지에 들어가는 지지를 말한다.

天干	甲	乙	丙	丁	戊	己	庚	辛	壬	癸
祿神	寅	卯	巳	午	巳	午	申	酉	亥	子

[표] 천간과 지지의 녹신관계

변상벽, 수탉과 암탉 - 간송미술문화재단

> 모든 일의 분수는 이미 정해져 있는데,
> 덧없는 인생들은 공연히 서둘기만 하는구나.
> 萬事分已定 浮生空自忙

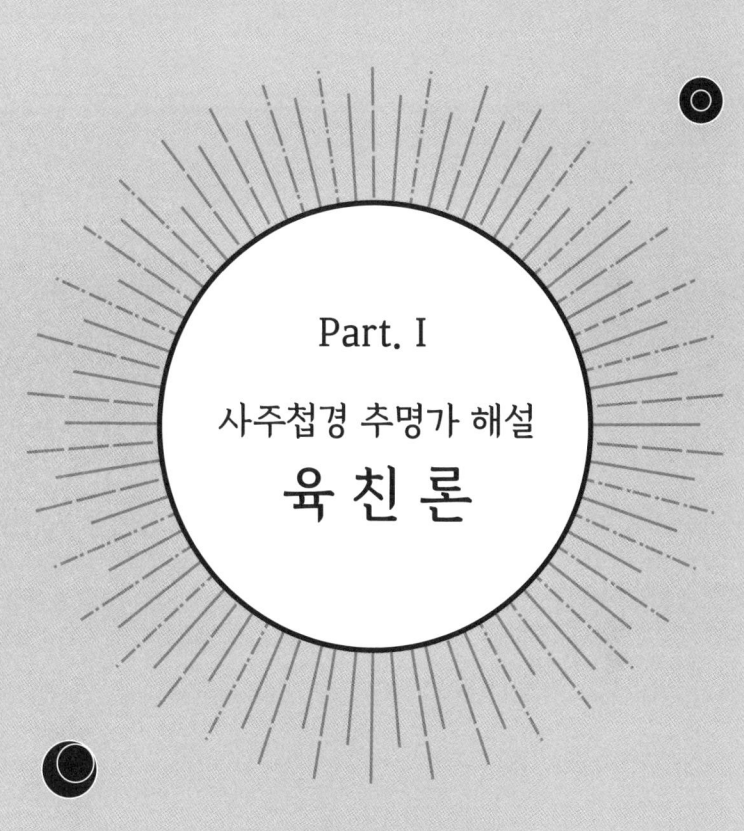

Part. I
사주첩경 추명가 해설
육 친 론

제 1 부

남자에게 인기 많은 여인

남자에게 인기 많은 여인

丙 庚 丙 甲
子 辰 子 子 坤 사주첩경 58

추명가 333 경신자진 신사해일 물사업을 하여본다

삼각산인 해설
子월에 태어난 庚금으로 금수상관격입니다. 금수상관격을 이루면 관성을 써서 한금(寒金)이 깨지지 않도록 하거나 甲목이 투간했다면 甲목이 얼어 죽지 않도록 해야 합니다. 금수상관에 희견관(金水傷官喜見官)이란 구결의 의미입니다. 금수상관이 丙화 관성을 보면 원래 과갑지명인데 이 여인은 호텔마담이었다고 합니다. 丙화가 근을 두지 못한 까닭입니다. 호텔 마담은 60년대 호텔을 경영하는 여사장을 말한다고 합니다.

● 혼인관계

배우자궁 辰토가 지지 子와 합하고 있습니다. 辰토는 수고이므로 子수가 모두 辰토에 입고합니다. 배우자궁으로 입고하는 子수를 남자로 보면 엄청 많은 남자가 있음을 시사합니다. '금수왕양 화가지녀(金水旺洋 花家之女: 금수가 왕하면 화류계의 여인이다)'란 명리 구결에 해당합니다. 이석영 선생은 추명가의 구절을 이용해서 '물장사'를 한다고 했군요. 남편성을 丙화로 보면 남편이 둘일까요? 丙子가 복음으로 응하고 있으므로 한사람으로 보아야 할 것으로 생각합니다. 그런데 丙화 편관은 子수 절지에 있으므로 남편은 아마 무력한 사람이었을 겁니다. 이 사주는 격이 크므로 丙화는 남편을 넘어서 이 여인이 부리는 남자 직원일 수 있습니다. 원래 庚금의 남편은 정관 丁화이어야 합니다. 원국에는 丁화가 없습니다만 자세히 보면 丁화 관성을 허자로 부르고 있습니다. 이걸 남편으로 썼다면 허신으로 관성을 불렀으므로 남편의 지위가 아주 높습니다. 연해자평에 나오는 채귀비란 왕비 사주가 그렇습니다.(허신론 참고) 채귀비는 지지에 未가 있어서 午未합으로 허신 丁화를 원국에 묶을 수 있지만, 이 사주는 원국에 허신 午화를 묶을 곳이 없으므로 귀한 남편을 얻지 못합니다.

● 자식관계

자손궁 子수는 식상이므로 아이가 있을 듯하지만 실제 아들은 없었다고 합니다. 다만 양아들이 백여명이었다고 합니다. 식상이 많은데 추운 겨울이므로 식상이 기신(忌神)입니다. 게다가 식상이 너무 많은데, 많은 것은 없는것과 같습니다. 사주는 과(過)한 것과 불급(不及)한 것이 모두 병(病)입니다.

여명의 자식을 간명하려면 관성과 식상과의 관계를 유심히 봐야 합니다. 관성이 무력하거나 관성과 식상과의 관계가 좋지 않으면 아이를 얻기가 어렵습니다. 이 사주의 경우 관성 丙화가 절지에 앉아 무력하고, 식상이 태과한 것이 병이므로 아이를 얻기가 어렵습니다. 대신 수양아들이 많은 것으로 구현되었습니다.

사주첩경 해설

軟身女軀 度量廣大 연신여구 도량광대
연약한 여자의 몸이다 그 마음 도량은 하해와 같도다

何不男兒 女命出生 하불남아 여명출생
어찌하여 남자로 태어나지 않고 여자의 몸으로 출생인가

女命太過 不適家庭 여명태과 부적가정
여명으로서 너무 과하여 가정생활에 적합지 않도다

飮食物業 給食功德 음식물업 급식공덕
음식물 사업이 제일이요 만인에 밥을 주는 공덕이라

迎賓送客 食客三千 영빈송객 식객삼천
손님을 맞이하고 보내는 것 많은 사람이 드나든다

夫臨殺地 夫婦有限 부임살지 부부유한
병화관살은 살지 수에 앉아 부부생활 한 많은 세월이다

夜寒冷衾 一隔空枕 야한냉금 일격공침
밤에 이부자리가 냉냉하여 베개 머리에 공이 진다

生日脚殺 脚病豈免 생일각살 각병기면
생일에 급각살 있으니 어찌 다리 병을 면할 수 있으리

火遭水剋 面鏡掛之 화조수극 면경괘지
병화가 수의 다극을 받아 눈에 안경을 썼도다

金水雙淸 情通信仰 금수쌍청 정통신앙
금수가 쌍청으로 이루어져 정이 신앙으로 통하도다

天降謫仙 弘道益衆 천강적선 홍도익중
천에서 적선으로 하강하여 인간세상에서 홍익사업한다

生無一子 死後百子 생무일자 사후백자
살아서 무자요 죽어서 백자가 호상한다

기생 사주

丙 乙 癸 壬
子 未 丑 子 坤 사주첩경 29번

추명가 267 시상상관 관불균은 식모마담 기생이요

삼각산인 해설
乙목이 丑월에 태어났는데 금수가 왕합니다. 왕한 수를 억제하기 위해서는 戊토가 필요한데 안타깝게도 戊토가 없습니다. 금수 왕양해서 넘치는 수를 막아 낼 둑이 없으므로 물이 방종하게 흐르게 된다는 것을 알 수가 있습니다.

시상의 丙화는 조후의 길신입니다. 한겨울의 乙목이니까 丙화로 조후하는 건 좋았는데 왕수를 막을 토가 없다는 것이죠. 乙목 일간은 근을 좌하 未토에 두고 있습니다. 乙未, 甲辰 일주는 자좌에 통근했으므로 활목(活木)의 근이 상하면 안됩니다. 이 사주는 乙목이 자좌에 통근해가지고 丙화 식상을 통해 금수를 통제하려고 하는 것이 의향입니다. 따라서 목화로 향배를 잡고 있는데, 운이 금수로 흘렀습니다. 운이 평생 자기를 따르지 않았습니다.

● 부모관계

아버지는 년월의 재성이므로 월지 丑중 己토가 아버지가 될 수 있습니다. 아버지가 己토가 되는 순간 丑未충이 눈에 보이시나요? 게다가 己토가 수에 쓸려가 버리는 모습이 있군요.

그래서 어릴 때 아버지를 여의게 됩니다. 어머니는 己토 아버지와 같이 있는 월상 癸수 인성입니다. 癸수가 어머니가 되고나서 보니까, 다른 인성들이 너무 많은 것을 알 수 있습니다. 아버지가 아마 다혼(多昏)이었을 것으로 보입니다.

● **혼인관계**

丑중 辛금이 남편으로 보입니다만 丑未충으로 깨어져 버렸습니다. 게다가 일시가 子未천으로 무너졌으므로 결혼이 힘들다고 할 수 있습니다. 결혼을 한다고 해도 丑중 辛금과 일간의 관계가 '이전최화(利剪摧花 : 가위로 꽃을 자름)'의 관계이므로 좋지 않은 관계입니다. 한마디 덧붙이자면 丑은 금의 고(庫)입니다. 丑에 있는 관성은 子丑합으로 시주에 이르러 丙화식상과 동주(同柱)합니다. 따라서 많은 남성을 만나게 됩니다.

● **자식관계**

시주 자손궁에 丙화식상이 자리하고 있으므로 아이가 있을 듯하나, 丙화식상이 절태지에 앉아 있으므로 아이를 얻기가 어렵습니다. 좌하 未중의 丁화도 식상이지만 자손궁인 子수와 子未천하고 있습니다. 이석영 선생은 '아이를 얻기가 어렵다. 아이를 낳으면 눈이 나쁠 것'이라고 써놓으셨습니다. 시지를 문호(門戶)라고 하는데, 문호라는 것은 바깥을 살피는 것이므로 시상에 있는 丙丁화는 눈으로 볼 수가 있습니다. 丙화가 절지에 앉아 있기 때문에 자손의 시력에 문제가 있을 수 있다고 추정한 것입니다.

사주첩경 해설

天下萬民 各守職分 천하만민 각수직분
천하의 백성이 각각 제 직분을 지켜산다

擧皆晝職 我獨夜業 거개주직 아독야업
거의 모두 낮 직업인데 어찌 나 혼자만 밤 직업이드냐

堂前使喚 其名妓生 당전사환 기명기생
남의 집에 이름 불리어 사니 그 이름이 기생이로다

丑未沖財 官星傷之 축미충재 관성상지
축미충재 축중신금관은 침수되도다

欺情瞞錢 幾度落淚 기정만전 기도낙루
사랑에 속고 돈에 속아서 몇 번이나 눈물방울 지었는가

多逢印受 難免庶母 다봉인수 난면서모
인수성을 많이 만났으니 서모님 면하기 어렵다

財星自沖 父親無德 재성자충 부친무덕
편재부성이 충 맞았으니 부친덕이 희박하다

其父隱命 難去臥席 기부은명 난거와석
아버지 저 세상 갈 때에 자리에 누워 고이 가기 어렵다

明暗子沒 安得子女 명암자몰 안득자녀
명병암정 자손이 수에 꺼져서 그 어찌 자녀를 득할 수 있으리요

若得子女 眼盲念廬 약득자녀 안맹염려
만약 자녀를 득한다면 안맹자녀가 염려된다

命逢刑殺 手術難免 명봉형살 수술난면
일주에 축미형되어 수술도 두 번 못 면한다

歲月時中 水冷爲病 세월시중 수냉위병
년월시에 모두 물이 되어 냉병으로 신음한다

첩을 두는 남자

丁　丙　庚　戊
酉　辰　申　申　乾 사주첩경 214번

추명가 214 종재운에 재운치부 충극재운 패재로다

삼각산인 해설
丙화가 申월에 태어났고 庚금이 득령했습니다. 자평진전의 논리로 보자면 왕한 것은 억부해야 하는데, 이 사주는 금수운에 발달했습니다. 이석영 선생은 토금으로 종했다고 보았습니다. (종재격) 계절의 논리상 申월의 庚금은 丙화로 자라나야 하는데, 이때 약간의 수기를 가져야 합니다.

수기를 갖지 못하면 庚금이 말라 비틀어지기 때문이죠. 따라서 이 사주는 종재격으로 보기 보다는 천간에 수기를 갖지 못했으므로 수운에 발달했다고 보는 것이 좋을 듯합니다. 금수운에 발달하다가 丙寅운으로 가면서 파재했다고 합니다. 원국에 丁화 겁재가 酉금재성위에 앉아 있으므로 겁재로 인한 파재의 모습이 있습니다.

● 혼인관계

월상의 庚금재성이 자좌녹지에 귀록한 뒤 申辰회국으로 일지에 이르므로 처가 확실합니다. 그러나 辰酉합으로 辰토가 酉금을 바라보고 있으므로 酉금은 후처 혹은 첩으로 볼 수 있습니다. 육합은 삼합보다 강하므로 나이가 들면서 본처보다 후처 혹은 첩과의 관계가 긴밀해지게 됩니다.

● 자손관계

남자의 자손은 관성인데 申중 壬수, 辰중 癸수 등이 보입니다. 申중의 壬수는 전처소생으로 보이고, 酉금과 합한 辰중 癸수는 후처나 첩의 소생일 수도 있습니다.

사주첩경 해설

申宮庚金 天干透出 신궁경금 천간투출
신궁암장 경금성이 월간에 투출되었다

丙丁戊庚 火土生金 병정무경 화토생금
병정무경 있어 화생토 토생금으로 생한다

年月時支 財祿根旺 연월시지 재록근왕
년월시 지지에 경신재록이 뿌리 박았다

辰土生金 土金歸結 진토생금 토금귀결
진토는 능히 생금하여 그 금에 귀결하게 된다

時上丁火 不能補丙 시상정화 불능보병
시간의 정화는 병화를 조금도 도와주지 못한다

火土金星 三象之格 화토금성 삼상지격
화와 토와 금성이 합하여 삼상격이 된다

土金從之 其命順理 토금종지 기명순리
토금을 종함이 그 명의 순리이다

時上桃花 作妾之客 시상도화 작첩지객
시상에 유금도화 있어 작첩 한번 있어 본다

財祿桃花 因妾致富 재록도화 인첩치부
도화가 재록 도화되어 첩으로 인하여 부자된다

申酉戌運 家業興隆 신유술운 가업흥륭
신유술 금국운에 가업이 크게 일어난다

亥子丑運 除病大富 해자축운 제병대부
해자축 대운에서 병을 제거하여 큰 부자가 되었다

丙寅運後 家資沒落 병인운후 가자몰락
병인운이 오면서부터 재산이 흩어지기 시작했다

[비교사주 : 다처지명]

庚 甲 庚 辛
午 申 寅 巳　乾 1 하중기 간명
甲 乙 丙 丁 戊 己
申 酉 戌 亥 子 丑

삼각산인 해설(혼인관계)

배우자궁에서 월시에 庚금이 투간했다. 일지 申금은 년지 巳화와 巳申합하고 있다. 甲목의 처성은 巳중 戊토와 午중 己토가 있다. 좌하에서 투간한 것과 재성의 숫자를 계산해 보면 여러 번 결혼하는 중혼지상임을 알 수 있다.

첫 번째 부인은 년지 巳화이다. 丁亥대운이 오면 자손궁의 午화가 동하고, 辛未년이 오면 午未가 합하면서 辛금 관성이 동하므로 결혼해서 아이를 낳게 된다. 辛금은 관성이라 원래 딸이지만 寅巳천하므로 성별이 뒤집어져 아들이다. 또 巳화는 일지 申금 편관과 합하고 있으므로 둘째 역시 아들이다. 丁亥대운 亥자에 내려오게 되면 巳亥상충하고 申亥상천하므로 첫 번째 부인과 헤어진다. 이 여성과 헤어지게 되면 년상의 辛금 아들은 巳중 丙화와 자합하고, 일지 申금 아들은 巳申합으로 어머니 巳화를 따라가게 된다. 좌하의 申금은 나의 녹신 寅목과 寅申상충하면서 일간 甲목의 절지이므로 내가 키울 수 없다.

두 번째 부인은 좌하 申금에서 나간 월상 庚금이다. 庚금은 寅중 戊토 재성 위에 앉았다. 배우자궁이 배우자성과 동주하므로 부인이지만 寅申상충하므로 또 헤어지게 된다.

세 번째 부인은 일지에서 투간한 시상 庚금이다. 월지 寅과 시지 午화와 합하는 중에 시상 庚금은 일지에서 투간한 배우자궁이다. 성과 궁이 동주하니 배우자이지만, 甲申대운 삼형이 다시 성국되어 헤어진다. 그리고 나이가 들어 午중 己토와 甲己합하므로 마지막 부인을 만난다. 그러나 일지 申금과 시지 午화가 공망으로 일시가 공망이므로 결국 한사람도 남지 못하고 헤어진다.

원국에는 재가 투출하지 않았지만, 巳寅午에 재성이 숨어 있다. 근묘화실(根苗花實)의 원칙상 午에 이르면(50대 중반 이후) 寅午가 합하는 가운데 午중 己토가 甲己합하고 시상 庚금이 일지로 들어와 있으므로 재성이 자신의 것이 된다. 부명이라고 할 수 있다.

국제결혼한 여인

己 甲 丁 癸
巳 申 巳 亥 坤 사주첩경 14번

추명가 285 지살역마 놓은 여성 이방에서 사랑맺고 국제 결혼

삼각산인 해설
巳월에 태어난 甲목일주입니다. 늦봄으로 나무들이 무성해지는 계절의 甲목이 식상이 왕하므로 수기를 공급하는 것이 기본입니다. 巳월의 월령은 화인데 丁화가 투간 하였으므로 식상격이 되고, 목화왕국에 癸수를 써서 조후하는 것이 원칙입니다.

그런데 년월이 천극지충하고 있으므로 甲목에 수기를 공급하기가 어려워 보입니다. 봄날의 목은 수기를 보아 활목이 되면 꽃을 피우고 무성해져야 하는데 수기가 극제를 받는다면 일종의 파격입니다. 일주 자체도 甲申일주로 좌하 절지인데다가 甲목일간이 지지에 전혀 뿌리를 내리지 못하고 있습니다. 亥중의 甲목에 근을 내리고자 하지만 년지인지라 너무 멀뿐만 아니라 巳亥충으로 뿌리를 내리지 못합니다. 게다가 년월은 상충하고 일시는 쟁합하고 있는 모습이 있습니다. 그런 면에서 유랑하는 모습이 보입니다. 인생의 전반기는 천극지충(天克地沖)하고 있으므로 고향을 떠나 방랑자의 삶을 살게 됩니다. 이 명조의 경우는 국제결혼으로 이어져 만주로 시집간 것으로 구현되었습니다.

● **부모관계**

아버지는 월지 巳화 부모궁에 암장된 戊토이고, 어머니는 戊토와 합하는 癸수로 년간에 위치하고 있습니다. 그런데 년월이 서로 천극지충하고 있으므로 부모와 인연이 적어 멀리 떨어져서 살게 되거나 어릴 때 헤어지게 됩니다. 근묘화실(根苗花實)의 연한으로 볼 때 월주 丁巳에 해당하는 시기 15세가 넘어가면 천극지충이 본격적으로 작동되므로 부모와 헤어지게 됩니다. 이 사주의 경우는 중국인 신랑을 만나 만주로 떠나게 되었습니다.

● **혼인관계**

좌하 申금이 남편궁이고 관성이 자리 잡고 있습니다. 그런데 좌하 申금은 월시의 巳화와 쟁합하고 있습니다. 첫번째 남자는 월지 巳화중의 庚금 두 번째 남자는 시지 巳화중의 庚금입니다. 첫 번째 남자는 巳亥 상충으로 날라가고 두 번째 남자를 또 만나게 될 것으로 보입니다. 巳화는 식상인데 巳申합으로 관성을 통제합니다. 식상은 미모, 재능을 의미하므로 미모가 뛰어났을 것으로 생각합니다. 식상으로 申금을 제어하는 듯 보이지만 년지의 亥수가 巳亥 충으로 관성을 제어하는 것을 방해하고 있습니다.

이석영 선생의 해설에 의하면 '중국인하고 국제결혼하여 살다가 십구세 辛巳년에 만주에서 잠자다가 삼각애정 관계로 칼침맞어 본 일이 있다'고 합니다. 좌하 申金이 사화와 쟁합하는 모습이 결혼 후 삼각관계로 구현되었습니다.

● **자식관계**

자식의 경우도 마찬가지입니다. 여명의 자식성은 식상인데 월지 巳화 식상이 巳亥충으로 깨지고 있으므로 자식성이 그다지 건실해 보이지 않습니다. 굳이 말하자면 시지 巳화는 자식으로 볼 수 있습니다. 그러나 巳申형의 모습이 있으므로 자식의 모습이 그렇게 길해 보이지 않습니다. 이석영 선생은 '관살이 삼형살이니 관과 식신이 형하여 부자를 극한다'고 언급하고 있는데, 巳亥충, 巳申형으로 식상과 관성과의 관계가 깨진 모습을 말한 것입니다.

　자손궁인 己巳와 일간과의 관계로 추론해도 동일합니다. 甲木은 시상의 己土에 안착하고자 하지만 己土 자체도 지지에 뿌리를 내리지 못할 뿐만 아니라 己土가 습기를 머금지 못하므로 문제가 생깁니다. 己土는 '비습(卑濕)'한 성격이 있다고 한 적천수의 구절을 상기한다면, 습기가 없는 己土는 甲木에게 그다지 안정적 공간을 제공하기 어려울 것 같습니다. 己土의 위치가 자식궁에 해당하고 있으므로 자식에 기대어 안주하기가 어려울 것 같습니다.

사주첩경 해설

三陰一陽 蛙鳴蟬噪 삼음일양 와명선조
음이 셋에 양이 하나이니 개구리 매미와 같이 소리만 요란하다

四柱驛馬 海外出入 사주역마 해외출입
사주에 역마성 있으니 해외에 출입 있도다

驛馬官合 國際結婚 역마관합 국제결혼
사신역마 관경금이 합하니 국제결혼 있어본다

官殺刑破 難保偕老 관살형파 난보해로
관살이 형파하여 삼생가약은 해로하기 어렵다

三刑帶鬼 剋夫傷子 삼형대귀 극부상자
관살이 삼형살이니 관과 식신이 형하여 부자를 극한다

金殺逢刑 刀刃傷身 금살봉형 도인상신
역마살과 도검살이 형합하니 칼날로 말미암아 몸이 상한다

馬逢食神 混血得兒 마봉식신 혼혈득아
역마사화가 식신이니 혼혈아를 득한다

官食三合 不正胞胎 관식삼합 부정포태
식신과 관이 일주에 합하니 부정포태 있어본다

日柱刑殺 手術有跡 일주형살 수술유적
일주 신이 봉사형하여 몸에 수술흔적이 있다

傷官逢刑 胎兒不實 상관봉형 태아부실
상관이 형살을 만났으니 태아가 충실치 못하다

干合地刑 滾浪桃花 간합지형 곤랑도화
간으로 갑기합이요 지로 사신형이니 곤랑도화 구성된다

其殺犯之 性病有吟 기살범지 성병유음
곤랑도화살이 범하여 방광 성병 앓아본다

참고 : 중국인하고 국제결혼하여 살다가 십구세 辛巳년에 만주에서 잠자다가 삼각애정 관계로 칼침맞어 본 일이 있다.

신윤복, 아기 업은 여인 - 국립중앙박물관

남편이 첩을 둔 여인

庚 戊 乙 壬
申 子 巳 申 坤 사주첩경 제 245번

추명가 252, 282 백두노랑 결혼함은 무자일생 그 탓이다
무자일생 인사신형 역시음독 주의하소

삼각산인 해설
巳월 戊토가 乙목을 보았으니 활목을 키우고자 합니다. 그러나 乙목이 근을 두지 못한 것이 흠입니다. 일주가 귀록한 巳화가 월지 申금과 합하여 향배가 틀어졌습니다.

● 부모관계

　월지 巳화는 부모궁이자 戊토 일주의 귀록지이므로 어머니가 됩니다. 巳화는 년시의 申금과 각각 합하므로 어머니는 두 번 결혼함을 알 수 있습니다. 년상의 壬수는 어머니가 첫 번째 결혼한 남편이고, 시지의 申금은 주위(主位)에 위치한 아버지입니다. 이석영 선생은 어머니가 재취로 시집왔다고 기술했는데, 아버지뿐만 아니라 어머니 역시 두 번째 결혼이었을 것으로 추측합니다.

● 혼인관계

　戊토일주가 巳월에 태어나 귀록하는데, 巳화 위에 관성 乙목이 巳중 庚금과 자합하니 남편성이 분명합니다. 그런데 巳화는 년지 申금과 巳申합할 뿐만 아니라 시지 巳화와 巳申합하니 방향이 두군데로 갈렸습니다. 또 배우자 궁인 子수가 년지 申금, 시지 申금과 모두 합하는데, 子중에 壬수가 투간하여 년지 申금과 동주하니 남편은 두집 살림을 하게 됩니다. 아쉬운 것은 객위(客位)에 있는 년지 申금이 주위(主位)의 시지 申금 보다 가깝기 때문에 남편이 다른 여인을 더 좋아하게 됩니다.

● 자손관계

　乙목이 남편이라면 庚申금은 자식성이 됩니다. 乙목 관성은 시지

庚금과도 합하므로 일단 남편으로부터 얻은 자식이 있습니다. 그런데 乙목은 巳중에 앉아 巳申합하므로 년지 申금 식상은 남편이 다른 여인사이에서 낳은 아이로 보입니다. 이석영 선생 해설에 '남편이 딴 곳에서 애기 낳고 생활하고 있다'고 기록되어 있습니다.

사주첩경 해설

年入地殺 他鄕之客 연입지살 타향지객
생년에 신금 지살이 있어서 타향의 나그네이다

重重地殺 海外出入 중중지살 해외출입
신이 겹쳐 지살중으로 해외출입도 하여 본다

財印合身 母嫁再娶 재인합신 모가재취
신자사가 재인신합으로 그 어머니 재취하여 시집왔다

印綬刑殺 其母不具 인수형살 기모불구
사화인수가 신형을 만나 그 모친이 불구가 된다

若非不具 其母車厄 약비불구 기모차액
만약 불구가 아니면 교통사고를 주의하라

四柱官星 合去庚金 사주관성 합거경금
사주에 놓인 그 목 관성은 경금에 을경으로 합거했다

夫宮不實 獨守空房 부궁부실 독수공방
남편궁이 부실하니 독수공방이 처량하다

官宮乙巳 食神合去 관궁을사 식신합거
을목은 사궁 경과 을경합으로 식신합거 한다

其夫別處 得子生活 기부별처 득자생활
그러므로 그 부군 딴 곳에 애기낳고 생활하고 있다

如此推理 二女同夫 여차추리 이녀동부
이 같이 추리해 볼 때에 두 부인이 한 남편이리라

無子日辰 柱逢三刑 무자일진 주봉삼형
무자일에 태어난 몸이 사주에 사신형을 만났다

女命如此 飮毒怪變 여명여차 음독괴변
여명에 이렇게 놓이면 음독괴변을 겪어본다

제 2 부

아내가 도망간 남자

아내가 도망간 남자

```
戊 甲 辛 丙
辰 寅 卯 寅  乾 사주첩경 54번
```

추명가 177 시상편재 일시상충 경파채분 낙루하네

삼각산인 해설

甲목일주가 卯월에 태어나 목왕지국을 이루었습니다. 봄날의 甲목이 丙화를 보아 목화통명을 이루고자 하는데, 수기가 부족하여 꽃을 피우기가 어렵습니다. 활목은 수기를 제하면 안 되는데 卯辰천으로 辰중의 수기를 제어하고 있으므로 길하지 못합니다.

甲일간을 丙화로 설하고자 하면 丙辛합으로 식상이 묶여 있고, 辰중의 癸수로 수기를 공급받고자 하나 卯辰천으로 수기가 극제를 당하였으므로 파격입니다.

● 부모관계

부모는 월주를 중심으로 년월에서 찾아야 합니다. 일주 甲목의 녹신인 년지 寅목은 甲의 녹신이므로 어머니가 됩니다. 어머니는 인성이지만 년월에 자리한 녹신은 어머니가 됩니다. 년지의 寅목이 어머니가 된다면 일지 좌하 寅목은 뭘로 봐야 할까요? 일지의 寅목 역시 어머니가 됩니다. 년지 寅목은 객위에 있으므로 큰어머니이고 일지 寅목은 주위에 있으므로 생모가 됩니다. 나는 재취로 온 어머니의 자식임을 말하고 있습니다. 아버지는 寅중에서 시간으로 투출한 戊토 편재입니다. 戊토는 년일의 寅에서 투간했는데, 어머니 寅목과 함께 있으므로 아버지로 볼 수 있습니다.

● 혼인관계

비겁이 중중한 명조는 기본적으로 식상으로 설기하거나 관성으로 제어하지 못하면 다혼지명이 되는 수가 많습니다. 이 명조는 목이 지나치게 왕한데 목을 설하는 丙화가 丙辛합으로 묶였다는게 큰 흠입니다.

배우자궁인 좌하 寅목에서 년상의 丙화와 戊토로 투출되어 있습니다. 丙화는 寅중에 앉아서 寅-寅 복음으로 일지에 이르므로 처가 됩니다. 시지 戊토는 재성이므로 당연히 처가 됩니다. 따라서 기본적으로 이 사주는 두 번 결혼하는 중혼(重婚)지명이거나 동시에 두 명의 처를 거느리는 양처(兩妻)지명입니다. 丙화를 첫 번째 배우자로 취한다면 丙辛합으로 곧 헤어집니다. 戊토를 두 번째 배우자로 취해보지만 戊토가 깔고 앉은 辰토를 卯辰천하므로 또 헤어지게 됩니다.

● **자식관계**

남명에게 있어서 자식은 관성입니다. 편관은 아들이고 정관은 딸로 보는 것이 일반론입니다. 따라서 월상에 투간한 辛금 정관성은 딸입니다. 그런데 辛금은 절지에 앉아 있고 자손궁인 辰토와 卯辰천하고 있습니다. 게다가 丙辛합하고 있습니다. 이는 딸과 아버지의 관계가 좋지 않다는 것을 의미합니다. 이석영 선생은 辛금 정관을 딸로 보고 '辛금정관이 丙화와 합거하여 여식이 연애하여 시집간다'고 기술했습니다. 辛금 정관이 딸이라면 辛금과 합한 丙화가 딸의 배우자가 됩니다. 辛금과 일간 甲목의 관계는 목곤쇄편(木棍碎片)이 되어 서로 좋지 않은 관계이므로, 아버지 甲목을 버리고 丙(남편)화와 丙辛합하는 모습이 연애 결혼하는 것으로 드러난 것으로 보입니다. 여자가 연애결혼하면 큰 흉이 되던 60년대의 시대상이 투영된 간명입니다.

사주첩경 해설

年入地殺 難守祖基 년입지살 난수조기
생년에 지살 놓았으니 조기를 지키기 어렵다

比肩劫旺 速成速敗 비견겁왕 속성속패
비견겁이 태왕해서 속성속패가 과히 많도다

群劫爭財 友兄多損 군겁쟁재 우형다손
여러 비견겁이 재를 극하여 붕우형제의 손재가 많도다

月逢桃花 母嫁再娶 월봉도화 모가재취
생월에 도화가 있으니 그 모친이 재취로 출가 왔도다

比劫連坐 異腹兄弟 비겁연좌 이복형제
비견겁 인묘진이 연좌 했으니 모친 다른 형제가 있다

地殺重重 鵬程萬里 지살중중 붕정만리
지살이 거듭거듭 있어 붕새가 만 리 길을 날도다

木局木体 語音頑强 목국목체 어음완강
목국목체의 사주가 되어 그 발음이 좀 굳게 나오다

土虛春木 脾胃有疾 토허춘목 비위유질
춘절의 출생한 목이 되어 토가 허하여 비위가 약하다

酸木剋土 胃酸過多 산목극토 위산과다
목은 산으로서 왕목극토하여 위산과다 병이 있다

正官作合 女息不正 정관작합 여식부정
신금정관이 병화와 합거하여 여식이 연애하여 시집간다

時上偏財 劫旺剋戰 시상편재 겁왕극전
시간의 편재를 왕성한 목이 극토하여 서로 싸우고 있다

兄弟剋妻 終別其妻 형제극처 종별기처
형제간이 그처를 극하여 마침내 그 처를 이별한다

[비교사주]

庚 甲 丁 己
午 戌 卯 未 乾 조화원약

조화원약 해설
과갑지명이다. 庚丁이 모두 투출하면 풍수가 불급하더라도 영화롭다고 했다. 庚丁이 모두 투출하여 칠살을 제하고 있다. 庚금이 절지인 卯월에 태어났으므로 화로 과하게 제하면 좋지 않다. 양장목갈(陽壯木渴)하여 수의 윤택함이 없고 午戌이 회국하여 庚금이 무력하다. 다행히 북방운으로 흘러 영화는 잃지 않다. 도화살과 홍염살이 교차하고 근토재성이 합하니 색정으로 재앙을 초래했다.

삼각산인 해설

卯월 甲목이 양인격을 이루고 시상 庚금이 투출했으니 양인가살격을 이루었다. 양장목갈하여 수기가 부족하다. 북방운으로 흘러 영화를 잃지 않는다. 처궁과 처성이 중첩되므로 중혼지명이다. 일간 甲은 己와 합하고 있는데, 근토는 卯未합한 뒤 卯戌합하여 일지로 들어오므로 처이다. 월상 丁화는 처궁에서 투간하여 卯戌합으로 일지에 들어오므로 역시 처성이다. 색정으로 재앙을 초래한 것은 처궁이 너무 조열하기 때문이다. 일주 甲목이 년상의 근토와 합하고 있는데. 일지 戌토는 년지 未토와 戌未형을 틀고 있다. 천간의 의향과 지지의 의향이 다르므로 결혼이 불미하다.

남편이 교통사고 사망

```
戊 乙 辛 甲
寅 巳 未 子    坤 사주첩경 221번
```

추명가 역마관성 삼형살은 부군교통 사고사라

삼각산인 해설

여름에 태어난 乙목이 子수를 보아 활목이 되었습니다. 활목은 수기를 제어하면 불길한데, 子未천으로 子수를 제어하므로 좋지 않습니다. 월상에 태어난 辛금이 일간 乙목을 乙辛충하는 모습 역시 좋지 않습니다.

칠살이 투간하면 제복해야 하는데 辛금을 제어할 방법이 없으므로 살현무제(殺現無制: 칠살이 드러났는데 제어하지 못한다)로 파격입니다.

● **혼인관계**

乙목일간의 좌하 巳중에 암장된 庚금관성이 이 여인의 남편입니다. 그런데 寅巳가 형천하여 巳중 庚금이 깨지므로 남편과 사별했습니다. 寅巳천은 역마의 형천이므로 교통사고의 모습이 있습니다. 월상의 辛금은 편관인데, 일지와 관련이 없으므로 남편으로 보기는 어렵습니다.

● **자손관계**

巳중의 식상 丙화는 남편 庚금과 동주하고, 巳중에 戊토가 시상에 투간하여 자식궁과 자식성이 일치하므로 자식입니다. 그런데 자식 역시 寅巳천하고 있으므로 좋지 않습니다.

사주첩경 해설

月逢未土 未中丁火 월봉미토 미중정화
생월에 만난 미토중에 미중정화가 남아 있다

巳未合局 火氣融融 사미합국 화기융융
일월에 사미는 합국하여 화기가 이글이글 거린다

寅巳三刑 庚金傷之 인사삼형 경금상지
인사가 형하는데 사중경금이 상하였다

辛臨殺地 庚逢刑場 신임살지 경봉형장
신금은 살지에 앉고 경금은 형장에 누웠다

以此推理 其夫難存 이차추리 기부난존
이것으로 추리해 볼 때에 그 남편은 존재불능이다

馬刑官殺 夫君橫死 마형관살 부군횡사
관살이 역마형되어 부군의 횡사의 징조다

交通事故 黃泉之客 교통사고 황천지객
교통사고로 인하여 황천객이 될까 염려다

若非車厄 火厄刑傷 약비차액 화액형상
만약 차액아니면 화액이나 형장액이다

日支逢刑 手術有跡 일지봉형 수술유적
생일지지에 형살있어서 수술한 흉터 있으리라

子女養育 車厄愼之 자녀양육 차액신지
자녀 키우는데 차액을 항상 조심히 해라

火局生土 財福豊厚 화국생토 재복풍후
사주화국이 생토재하여 재복은 매우 풍부하다

食傷連坐 鷺養鴨子 식상연좌 로양압자
식상이 연좌하여 남의 자손을 키우리라

[비교사주 : 젊어서 남편과 사별한 여인]

己 辛 癸 壬
丑 丑 卯 戌 坤 5
丙 丁 戊 己 庚 辛 壬
申 酉 戌 亥 子 丑 寅

사주공부에 미치면, 젊은 과부(寡婦)만 만나면 대뜸 사주부터 묻게 되는 법이라는 우스갯소리가 생각난다. 여성 사주는 남성의 사주에 비해 고려해야 할 바가 많다. 특히 명리구결에 여명은 이관위중(以官爲重)이라고 해서, 남편궁의 향방을 우선적으로 살피라는 원칙이 있으므로 간명방식이 좀 다르다고 할 수 있다. 여명의 경우 남편궁이 깨지거나 관성이 지나치게 제어된다면 젊어서 남편과 사별하는 모습으로 드러날 수 있다. 위 사주는 남편성과 남편궁이 丑戌형을 이루어 젊어서 남편과 사별한 사례라고 할 수 있다.

이 여인은 26세 庚子대운중 丁亥년에 남편을 갑작스럽게 교통사고로 잃었다고 한다. 년월에 식상이 투간되었는데, 편인과 인수가 중첩되었다. 게다가 배우자궁인 축토가 복음(伏吟)으로 나타나 있다. 이른바 중혼(重婚)을 예견해 볼 수 있다. 그렇다면 왜 그녀는 왜 그렇게 빨리 남편을 사고로 잃어버리게 되었던 것일까? 이 명조에는 년지 戌토에 丁화가 암장되었을 뿐, 남편을 나타내는 관성(官星)이 출현하지 않았다.

그녀의 일지 丑토는 배우자궁이다. 그런데 남편을 나타내는 丁화가 배우자궁인 축토로 진입하는 것은 불가능해 보인다. 丑戌이 서로 형국을 틀고 있고, 축중의 癸수가 丁화와 상충하기 때문이다. 丁화가 힘을 얻기 힘들고 식상이 중중하다면, 이 사주는 晩婚 혹은 불길한 혼인의 명조라고 할 수 있다. 그러나 이 여인은 일찍 결혼했다는 점을 어떻게 설명할 것인가? 일찍 결혼했기에 남편을 잃어버린 것이라고 판단해야 하는 걸까?

세밀하게 명조를 들여다보면 戌중의 丁화가 이 여자의 남편이란 것을 알아낼 수 있다. 배우자궁인 丑토는 년지 戌토와 丑戌형의 관계를 이루면서 술중에 암장된 丁화를 충출시키고 있다. 남편성이 남편궁과 연결되어 있으므로 술중 丁화는 남편임을 알 수 있다. 또한 남편성 丁화가 년에 존재하므로 어릴 때 부모님의 정혼으로 혼인이 이루어졌다는 것을 유추해 볼 수 있다.

그렇다면 그녀는 왜 그렇게 빨리 남편을 잃어 버린 것일까? 첫째, 위 사주의 배우자궁인 丑토는 일시에 중첩해있고, 丑중 지장간인 癸수는 월상으로, 己토는 시상으로 투출되어 있다. 중혼을 예시하고 있는 것이다. 그러나 두 번째 결혼 역시 그다지 순탄하지는 않을 듯하다. 丑토에서 투간한 己토는 관성과 연결되어 있지 못하므로 평탄한 재혼에 이르기는 좀 어려운 듯이 보인다.

둘째, 이 사주는 卯戌이 서로 합하고 있다. 卯戌이 서로 강하게 합하면 戌중丁화 관성이 일간까지 연결되기 어려워진다. 이른바 '합하면 사라지고 충하면 나타난다(合去沖來)'의 발현이다. 년한으로 보면 20대 후반에서 30대 초반 卯戌합이 가장 강하게 작동하므로 이 여인의 30세 이전 관성이 卯戌합으로 묶인다고 추론해 볼 수 있다.

셋째, 大運과 歲運의 응기(應幾)이다. 세운이 丁亥로 가면 술중에 암장된 남편성 丁화가 세운에 출현하여, 壬癸수의 극을 받게 된다. 게다가 庚子대운은 壬癸수의 왕지이므로 癸수가 丁화를 극하는 것이 심해지므로 불행하게도 남편과 사별에 이르게 되었다고 할 수 있다.

남편과 사별한 여인

乙 壬 甲 丁
巳 申 辰 卯 坤 사주첩경 12번

추명가 265 壬癸일생 관백호는 십중팔구 혈광사라

삼각산인 해설

이 사주는 辰월에 태어났습니다. 辰월은 양력 4월 5일 청명으로부터 시작됩니다. 辰월은 꽃도 피고 나무가 자라나는 시절입니다. 辰월에 태어난 사람은 수기를 공급받아야 한다는 것이 대원칙입니다. 이 사주를 보면 물이 있고 나무가 있습니다.

기본적인 격국을 갖추었다고 할 수 있는데 왜 남편이 죽었을까요? 백호살 때문에 남편이 죽었다 혹은 운이 나빠서 죽었다고 넘어가는 것은 별로 좋은 설명이 아닙니다. 저는 인생의 중요한 시그널이 원국에서 찾아져야 한다고 생각하는 사람이므로, 원국의 명조에서 남편과 사별하는 모습을 찾아내는 것이 매우 중요합니다.

● 혼인관계

사주의 배우자궁의 모습을 한번 보십시오. 남편궁에 위치한 申금이 申辰회국, 巳申합, 卯申 암합하고 있습니다. 즉 좌하 배우자궁이 다른 지지인 卯辰巳와 모두 관련을 맺고 있다는 겁니다. 여기에서 어떤 요소들이 남편의 사망과 관련을 갖고 있는지를 찾아낼 수 있을까요?

배우자성인 관성의 향방을 찾아 볼까요? 월지 辰중 戊토, 巳중에 戊토 두 군데에 관성이 위치하고 있습니다. 辰중 戊토, 巳중 戊토가 좌하 申금과 합을 하고 있기 때문에 이것이 남편을 의미한다고 확정할 수 있습니다. 순서대로 본다면 辰중에 있는 戊토가 첫 번째 남자입니다. 그런데 년지 卯목이 辰토를 卯辰천으로 구멍내고 있습니다. 첫 번째 남편은 卯목으로부터 극제를 너무 강하게 받고 있으므로 상태가 좋지 않다는 것을 알 수 있습니다. 辰중에 戊토를 첫 번째 남편으로 쓰게 되면 봄날에 왕성한 甲목과 卯목이 辰토를 극제하는 것이 크기 때문에 헤어지게 됨을 원국에서 암시하고 있습니다. 월주 관성이 卯辰천으로 타격을 받는 시기는 대략 궁위론에 입각해 볼 때 20대 후반 30대 초반입니다. 그 시기에 이르면 첫 번째 남자와 卯辰천으로 헤어지는 것이죠.

그 다음에 이 여인은 어떻게 될까요? 남편 자리인 좌하 申금은 辰토와 헤어진 뒤 다시 巳화와 합합니다. 巳중에도 壬수의 관성인 戊토가 있습니다. 이 여인의 두 번째 남자입니다. 그럼 두 번째 남자랑은 행복하게 살 수 있을까요? 시지 巳화는 극제(克制)가 없으므로 아마 행복하게 살 것으로 보입니다. 巳申이 합하는 모습에서 두 번째 만나는 남자가 진정한 인연일 것 같습니다.

● **부모관계**

이석영 선생은 巳화 재성과 申금 인성이 합했기 때문에 '어머니가 재취'라고 설명하고 있는데, 제 생각에 이것은 조금 비약이 있는 것 같습니다. 辰토가 어머니 궁인데 어머니 궁에서 올라간 乙은 뒤에 있고 앞에 甲은 앞에 있으므로 甲목은 큰어머니, 乙목은 자신의 어머니입니다. 년월에 있는 식상과 녹신은 어머니로 판단할 수 있기 때문입니다.

● **자식관계**

자손궁인 시간에 투간한 乙목 식상은 자식을 나타냅니다. 그런데 이 사주는 甲乙목 식상이 동시에 투했으므로 식상이 혼잡합니다. 辰월이라는 계절의 주인공은 甲목이 아니라 乙목입니다. 이석영 선생은 식상이 교잡해있기 때문에 압양계자(鴨養鷄子:오리가 병아리를 키우는 형국)의 명이라고 했습니다. 辰중 乙목이 월령을 가지고 있는 진정한 주인인데, 이 사주는 乙목을 뒤에 두고 甲목을 앞쪽에 두었기 때문에 전처(前妻)소생 아이를 키운다는 것입니다.

사주첩경 해설

壬水長生 活潑之性 임수장생 활발지성
임수가 신에 장생하였으니 활발한 성격을 가졌다

斷橋關殺 神經痛通 단교관살 신경통통
진월신일이 단교관살되어 항상 신경통으로 욕본다

日時逢刑 刀刃痕跡 일시봉형 도인흔적
일시사신이 형살되어 몸에 칼날로 흉터있다

莫嘆其跡 車厄可免 막탄기적 차액가면
그 흉터를 탄식마소 교통사고 면함이요

母衰子旺 難得子也 모쇠자왕 난득자야
임수는 약해지고 목화는 왕하여 자손을 얻기 어렵다

傷食連合 他子養育 상식연합 타자양육
묘갑진상식이 신진으로 합신하였으니 반드시 남의 자손을 키운다

壬水木局 身有冷風 임수목국 신유냉풍
임수가 묘갑진으로 목풍을 놓아 몸이 항상 냉하고 풍질이 두렵다

下元冷冷 經調不順 하원냉냉 경조불순
그러함으로 하원이 냉냉하여 월경이 고루지 못하다

食神官合 不正孕胎 식신관합 부정잉태
무와 을이 진에 있어 신일과 합하니 부정으로 임신한다

官刑虎殺 夫君非命 관형호살 부군비명
사중무토는 형이요 진토관은 백호살되어 부군이 비명횡사한다

財印合身 母嫁再娶 재인합신 모가재취
부는 사요 모는 신으로 합하여 어머니 재취로 시집왔다

父母之中 一有不具 부모지중 일유불구
사와 신이 사신으로 형하여 부모 중 한분 불구된다

[비교사주]

己 丙 乙 乙
丑 戌 酉 未 坤 3

壬 辛 庚 己 戊 丁 丙
辰 卯 寅 丑 子 亥 戌

삼각산인 해설

酉월 丙화가 실령지지에 태어나 년일시에 丑戌未 삼형을 이루었다. 토가 많아 灰火無光하므로 파격이다. 년월의 乙목이 疎土의 길신이기는 하나 가을에 태어난 乙목으로 금을 제어할 힘이 없다. 전반적으로 목화가 세력을 이루어 유금을 제어하려 하나 酉丑이 회국하고 있으므로 제어가 되지 않는다.

● 부모관계

부모궁에 위치한 酉중의 庚金편재가 아버지가 된다. 어머니는 乙庚합한 월상의 乙木 인수이다. 酉중 庚금이 년월의 乙목과 합하므로 어머니가 둘로 판단할 수 있으나 乙목은 未중에서 나와 투출했으므로 년상 乙목과 월상 乙목이 동근이며 붙어 있으므로 한 몸으로 볼 수 있다. 따라서 어머니도 한분이다.

乙목 어머니는 태절지에 앉아 있을뿐만 아니라 수기가 없으므로 위난한 형세이다. 丑중에 癸수가 있으나 너무 멀고 丑戌형으로 丑중의 癸수가 깨어지니 乙목을 생조하기 어렵다. 丙戌대운 庚戌년 乙목의 뿌리인 未토를 丑戌형함과 동시에 乙庚합이 일어나므로 어머니와 사별하게 된다. 전반적으로 乙목이 무력한데 戌운이 오면 乙목이 戌중에 입묘, 시들어 버리기 때문이다.

아버지인 월지 酉금은 戌未가 형국을 이루는 사이에 끼어 형세가 좋지 않다. 게다가 酉戌상천하므로 역시 초년에 이별하게 된다. 丁亥대운 癸丑년 酉丑이 회국하므로 酉금이 동하여 酉戌천이 발생하므로 아버지가 사망했다.

● 혼인관계

이 사주의 남편궁은 戌토이다. 남편성은 丑중의 癸수인데 丑戌未가 삼형을 이루고 있다. 게다가 남편궁인 戌토는 丙화의 백호대살임과 동시에 酉戌상천으로 깨어져 있으므로 남편과 이별할 것을 암시하고 있다.

丁亥대운 남편궁인 戌토에서 丁화가 투출하고 癸丑년 남편성인 癸수가 세운에서 응하므로 궁성이 모두 움직여 결혼하게 된다. 그러나 酉戌천, 丑戌형이 작용하므로 혼인생활이 행복하지 않다. 己丑대운 甲戌년 대운과 세운이 배우자궁인 戌토를 다시 형하므로 남편과 이별한다. 己丑대운은 시지 복음으로 丑토를 동하게 하므로 丑토가 다시금 丑戌형을 이룬다.

● **자식관계**

자식은 丙화의 식상이자 자손궁인 己丑시주에서 추론해 볼 수 있다. 상관이 왕하여 기신이 될 뿐만 아니라 丑戌未 삼형을 틀어 일간의 빛을 잃게 한다. 자식궁이 일간에게 나쁜 영향을 주고 있으므로 자손들에게 문제가 있다. 3명의 딸들이 모두 선천성 질환을 가지고 태어났다.

丁 乙 癸 癸
丑 未 亥 亥 坤 부군익사

추명가 279 갑을일생 금약다수 그 남편이 취중익사

삼각산인 해설
亥월 乙목이 한목향양(寒木向陽)해야한다. 未중 丁화가 시상에 투출, 丑토위에 앉았다. 丑중 辛금은 남편성이다. 丑未상충하니 배우자궁과 배우자성이 불화하므로 상부한다.

사주첩경 해설

地殺重重 海外出入 지살중중 해외출입
지살이 거듭 만났으니 해외출입 있게 된다

五重印綬 一父多母 오중인수 일부다모
인수가 다섯이나 되어 일부에 어머니가 많도다

財臨白虎 其父非命 재임백호 기부비명
편재부가 백호되어 그 부친이 비명으로 갔다

食神生財 財福富格 식신생재 재복부격
화식신이 생토재하여 재복은 유족했다

地支水局 丑未大破 지지수국 축미대파
지지수국이 해해축인데 그만 축미가 충파되었다

丑中辛夫 沖出沒水 축중신부 충출몰수
축중신금 부군이 그만 충출되어 물에 잠겼다

江邊川獵 其夫溺死 강변천엽 기부익사
강변에 천엽갔다가 그 부군이 익사하였다

不尋屍體 永遠水葬 불심시체 영원수장
그 시체를 찾지 못하고 영원한 수장지냈다

四柱印綬 手執敎鞭 사주인수 수집교편
을일 계해 인수되어 손에 교편을 잡았다

丁火子女 多逢水剋 정화자녀 다봉수극
정화 자손궁이 많은 수극을 당했다

子女之中 眼目異常 자녀지중 안목이상
아들 딸 가운데 눈에 이상이 있을 것이다

若非眼目 蹇脚子女 약비안목 건각자녀
만약 눈이 아니라면 다리저는 자녀 있다

```
己 甲 戊 丁
巳 戌 申 亥  乾 을사운 익사 추리
```

삼각산인 해설

申月 甲木이 亥水에 뿌리를 두어 활목이다. 巳亥가 요충하는 모습이 좋지 않다. 巳운을 만나면 巳亥상충이 일어나 활목이 수기를 잃어버리므로 사망한다.

사주첩경 해설

年入地殺 抛離故基 연입지살 포리고기
생년해가 지살이 되어 고향땅을 떠나 살리라

四柱驛馬 海雲萬里 사주역마 해운만리
시간 사화가 역마 되어 해외만리에도 드나든다

財印三合 母嫁再娶 재인삼합 모가재취
재와 인수가 삼합이 되어 어머니는 재취로 시집왔다

兄弟申宮 逢空臨絶 형제신궁 봉공임절
형제궁되는 신금에는 공망이요 또 갑의 절궁이다

兄弟孤獨 八字所關 형제고독 팔자소관
그러므로 형제고독은 팔자소관인줄 알겠다

申月戌日 急脚關殺 신월술일 급각관살
신월술일이 급각살되어 팔 다리 한번 상해본다

驛馬逢刑 路上有厄 역마봉형 노상유액
역마사가 신형을 만나서 노상에서 액운있다

財官合身 總角得子 재관합신 총각득자
무토재와 신금관이 합하여 총각시절에 애기 얻었다

申月甲日 本來身弱 신월갑일 본래신약
신월에 갑일생은 본래 신약이다

多逢火土 尤尤衰弱 다봉화토 우우쇠약
그런 중 화토를 많이 만나서 더욱 신약해진다

亥水歸依 巳運不祿 해수귀의 사운부록
다행이 해수에 의존했다가 사운에 해를 충하여 사망했다

亥水入死 乙卯溺死 해수입사 을묘익사
해수는 사에 입병사궁이요 묘해는 패반하여 익사했다

남편이 납치된 사주

庚 壬 壬 丁
戌 辰 寅 卯 坤 사주첩경 13번

추명가 264 경진/경술/임진/임술 출생녀는 남편님이
파재, 횡액, 납치있다

삼각산인 해설
壬수가 寅월에 태어나 寅卯辰 동방목국을 이루었습니다. 寅월
은 나무가 뿌리를 내리는 계절로 壬수로 수기를 공급한 뒤,
丙화를 보아 한기를 제어해야 합니다. 壬수일간으로 태어나 수
기는 있지만, 아쉽게도 丙화가 투간하지 못했습니다.

대신 丁화가 투간했는데 丁壬합으로 합거되어 화기가 부족해 보입니다. 추위를 녹여줄 화기가 없으므로 조후가 맞지 않아 파란을 겪게 됩니다.

● 부모관계

사주첩경에는 어머니가 재취로 시집왔다고 합니다. 부모는 년월에서 찾아야 하므로 원국의 구조상 아버지는 丁화 편재입니다. 丁화를 아버지로 본다면 丁화와 합하는 건 어머니가 됩니다. 丁화는 壬수와 합하므로 어머니는 두명이란게 바로 드러납니다. 두 명 중에 우리 엄마는 두 번째입니다. 첫번째 월상의 壬수는 큰어머니이고 일간에 있는 壬수는 나와 합하므로 친어머니가 됩니다.

● 혼인관계

일간의 좌하 辰토가 남편궁이자 남편성입니다. 그런데 辰토가 辰戌충, 卯辰천으로 극제가 심합니다. 따라서 이 사주는 남편과의 관계에 문제가 생깁니다. 우선 년상에 투간한 丁화의 모습을 주목해 볼 수 있습니다. 丁화는 시지 戌토에서 투간해서 丁壬합으로 일간에 이르고 있습니다. 관성인 戌중에서 투간해서 일간에 이르므로 첫번째 남자로 보입니다. 일간과 합하고 있는 것은 언제나 나의 배우자가 될 수 있습니다. 년지의 丁화를 남편으로 썼다면 결혼을 일찍

하게 됩니다. 또한 丁화는 월상의 壬수와 합한 뒤에 일간에 이르기 때문에 두 번째 결혼 상대자, 즉 재취로 시집가게 됩니다. 이석영 선생의 풀이에 의하면 나이 많은 남자랑 살았다고 합니다.

壬癸일주 여성이 戊토관성을 배우자성으로 취하면 나이 많은 남자와 결혼한다고 합니다. '임계일주용무관 소녀정가백두랑(壬癸日柱用戊官 少女定嫁白頭郎)'이란 구결입니다. 그런데 丁화를 나의 남편으로 쓰는 순간, 丁화의 밑에 딸린 묘목이 배우자궁 辰토를 극하게 되므로 남편과 헤어지게 됩니다. 卯辰천이 일어나는 시기는 원국의 구조상 30대 중후반입니다. 격동기였던 6.25 전쟁 중 남편이 납치되었다고 합니다. 생일에 壬辰 괴강되어 남편이 납치되어 간다는 설명보다는 卯辰천으로 남편궁이 깨진다는 점을 이해하는 게 중요합니다.

남편과 헤어진 뒤에는 혼자 살게 되나요? 그렇지 않습니다. 丁화는 戊토에서 나왔는데, 辰戌상충하고 있으므로 戊토가 작동하면 또 결혼합니다. 시지의 戊토가 작동해서 두 번째 결혼하면 어떻게 될 가요? 두 번째 결혼도 戊중에서 투간한 丁화가 卯辰천, 辰戌충을 일으키므로 헤어지게 됩니다.

● 자식관계

여명의 식상은 자식입니다. 이 사주는 식상이 왕한 사주이므로 자식이 많다고 할 수 있습니다. 또한 자손궁 戌土가 辰戌충, 寅戌합, 卯戌합하고 있으므로 지지의 식상들이 모두 자손으로 보입니다. 그런데 위에서 말씀드렸다시피 월상의 壬水 비겁은 남편인 丁火와 합한 다른 여자임을 알 수 있으므로, 壬水의 좌하 寅목과 일지 辰土와 卯辰천하는 년지 卯목은 다른 여자가 낳은 아이로 보입니다. 이석영 선생은 이걸 보고 남의 자식을 키운다고 한 것입니다. 일지 辰중의 乙목은 본인이 낳은 아이인데, 辰戌충, 卯辰천으로 제어가 심하므로 길해 보이지 않습니다.

사주첩경 해설

壬水生木 素食慈心 임수생목 소식자심
임수 내 몸이 목을 생하니 본래 먹는 것에 자비심이 있다

生日魁罡 夫君拉致 생일괴강 부군납치
생일에 임진괴강되어 남편이 납치되어 간다

日時辰戌 獨守空房 일시진술 독수공방
일시가 진술충되어 독수공방이 처량하다

壬日生女 白頭老郎 임일생녀 백두노랑
임일생 출생녀는 나이많은 낭군하고 산다

官殺重重 豈非再嫁 관살중중 기비재가
관살이 거듭거듭 있으니 어찌 재가 않할 수 있으리요

食神連坐 鷺養鴨子 식신연좌 로양압자
식신상관이 연좌했으니 백로가 오리새끼를 키운다

若不其然 再嫁生子 약불기연 재가생자
만약 그러지 않으면 두 번 시집가서 애기 낳는다

官食同臨 不正胞胎 관식동임 부정포태
관과 식신이 동임하여 부정으로 애기 밴다

水木有旺 風濕鬱寂 수목유왕 풍습울적
임수가 인묘목 진풍이 왕하여 몸에 풍습과 울적한 기 있다

生旺之通 經血變黑 생왕지통 경혈변흑
생리통이 있게 되며 경도빛이 검게 변한다

食旺身衰 胞胎常墮 식왕신쇠 포태상타
식신이 왕하고 일주가 약하여 포태에 유산이 자주 있다

月建亡身 母家財娶 월건망신 모가재취
생월에 망신이 놓여 어머니가 재취로 시집왔다

[비교사주]

辛 戊 甲 甲
酉 午 戌 申 坤 4 하중기 간명
丁 戊 己 庚 辛 壬 癸
卯 辰 巳 午 未 申 酉

삼각산인 해설

목화가 세력을 이루어 금수를 제어하고 있다. 甲목 관성이 사목이므로 금으로 다듬어야 한다. 그러나 庚금이 아니라 辛금이 투간하여 목곤쇄편(木棍碎片)의 형국이다. 관성과 식상이 조화롭지 않다.

● **부모관계**

戊토의 어머니는 戌중의 丁화이고 아버지는 申중 壬수이다. 부모궁과 부모성이 일치하므로 부모를 대략 확정할 수 있다. 丁화 모친이 설하는 토가 자식이므로 형제가 3명이고 戊토가 천간에 투간했으므로 맏이다.

● 혼인관계

남편성은 甲목이다. 그런데 甲목은 배우자궁인 午화에서 사지(死地)에 들므로 남편과 문제가 있다는 점을 알 수 있다. 게다가 甲목은 申금 절지에 앉았으므로 무력하다고 할 수 있다.

壬대운 癸卯년에 관성이 생기를 얻으므로 결혼한다. 관성이 녹지인 寅목으로 응하여 寅午戌 삼합하므로 부성이 부궁으로 진입하는 까닭이다. 19세(壬대운 壬寅/癸卯년)에 결혼했다.

28세 辛未대운 壬子년 남편이 사망한다. 辛未대운이 되면 甲목의 묘고인 未가 출현 배우자궁과 합함과 동시에 壬子년 子午충으로 배우자궁을 충동한다. 따라서 辛未대운 壬子년 남편궁이 충중봉합(沖中逢合)을 일으켜 남편의 사망이 응기한다. 남편성 甲목이 절지인 申금에 응해 있는데, 아이를 낳으면 申금 식상이 움직이게 된다. 따라서 생자별부(生子別夫)의 모습이 있다.

여섯 번 결혼한 여자

丙 乙 辛 癸
子 酉 酉 酉 坤 사주첩경 7번

추명가 267 시상상관 관불균은 식모마담 여성이요

삼각산인 해설
乙목이 酉월에 태어나 辛금이 득령했습니다. 금왕지국을 이루었으므로 시상의 丙화로 왕금을 억부해야 합니다. 丙화를 丙辛합으로 완전히 제압했으므로 丙화가 커져야 좋습니다. 그러나 丙화가 자좌절지에 앉았을 뿐만 아니라 지지에 전혀 뿌리를 내리지 못한 것이 흠입니다. 대운마저 금수향으로 흘렀으므로 불운합니다.

● 부모관계

일단 첫눈에 어머니성은 년상에 투간한 癸수 인성처럼 보입니다. 어머니궁은 월지 酉금인데, 계수는 酉금에 앉아 복음으로 월지에 이르고 있으므로 어머니로 추정할 수 있습니다. 그런데 癸수가 어머니가 되면 아버지를 찾기가 난감합니다. 아버지 편재성(土)의 행방이 보이지 않을 뿐만 아니라 癸수와 합하는 글자가 보이지 않는군요. 어머니는 癸수가 아닐 듯 싶습니다.

어머니를 시상 丙화로 보면 어떨까요? 丙화는 丙辛합으로 부모궁에 이르고 있습니다. 원래 년월의 식상은 어머니가 될 수 있으므로 아버지궁인 辛금과 합한 丙화를 어머니, 丙화와 합한 辛금을 아버지로 보는 것도 가능할 듯 싶습니다. 丙화가 어머니가 된다면, 丙화는 절지에 앉아 있을 뿐만 아니라 丙辛합을 통해 부모궁에 들어와 사지인 酉금에 앉게 되므로 어릴 때 헤어지게 됩니다. 아버지가 辛금이라면 일간 乙목을 자르는 형국이므로 아버지가 본인을 고통스럽게 했을 듯 하군요.

아쉽게도 이석영 선생은 이 사주의 부모에 대한 기록을 남기지 않았습니다만, 사주해설에 사고무친(四顧無親: 어디에도 가족이 없다)라고 써 놓은 것으로 미루어 보건데, 어릴 때 조실부모했으리라고 보입니다.

● **혼인관계**

남편은 좌하 배우자궁인 酉금에서 투출한 辛금입니다. 그런데 배우자궁이 복음으로 중첩되어 있으므로 중혼지명입니다. 이석영 선생은 이 여인이 여섯 번 시집갔다고 기록했습니다. 辛금은 乙목의 칠살로 乙목과 이전최화(利剪摧花: 辛금이 乙목을 자름)의 관계입니다. 따라서 남편이 자신을 괴롭히는 형국임을 알 수 있습니다.

● **자손관계**

자식은 시상에 투간한 丙화입니다. 丙화는 辛금을 합제하고자 하는 길신입니다. 그런데 丙화는 자좌절지에 있어 힘이 없는게 병(病)입니다. 이석영 선생은 丙화가 살지에 앉아 자손두기가 매우 어렵고, 혹시 자손을 둔다면 객지에서 횡액이 있을거라고 했습니다. 종합적으로 본다면, 아무래도 시상 丙화 식상은 이 사주의 자손이자 꿈입니다. 그런데 운로가 비색(否塞)해서 자손을 두기가 어렵고, 어쩌면 자손이 횡액을 당할 수도 있을 듯 하군요.

사주첩경 해설

人皆八字 吉凶多樣 인개팔자 길흉다양
사람마다 여덟자는 같은데 그 길흉은 다양하도다

時上傷官 使喚之人 시상상관 사환지인
시간에 을일병시 상관되어 남의 집에 이름 불리우는 사람이다

百年生涯 枳荊千里 백년생애 지형천리
인생백년 생애에 가시밭길 천리로다

異性之合 雷逢電合 이성지합 뢰봉전합
남성과 합즉 결혼 우레와 같이 만나서 벼락 같이 떠난다

明暗夫集 幾度罷粧 명암부집 기도파장
명암부집 관살을 모았으니 몇 번이나 단장을 마치는가

再嫁未盡 難免六嫁 재가미진 난면육가
재혼에도 아직 미진하여 여섯 번 시집가는 것 못 면한다

丙臨殺地 難得子也 병임살지 난득자야
병화가 살지에 앉았으니 자손 두기가 매우 난하도다

若得其子 客地橫厄 약득기자 객지횡액
만약 자손을 둔다면 그 자손이 객지에서 수의 횡액 있다

殺旺無劫 兄弟孤獨 살왕무겁 형제고독
살은 왕하고 비겁은 없어 형제는 매우 고독하도다

木破金傷 筋痛骨痛 목파금상 근통골통
을목이 태왕한 금을 만나 신경통 관절염에 욕을 본다

頭痛煩多 八字所關 두통번다 팔자소관
목이 약하여 두통 편도선 잘 앓는 것 팔자소관이다

四顧無親 歸依我心 사고무친 귀의아심
사방 돌아다녀 보아도 의지할 곳 없으니 나의마음에 의지하라

제 3 부

남편이 의처증 환자

남편이 의처증 환자

```
甲 己 癸 甲
戌 亥 酉 申  坤 사주첩경 제 203번
```

추명가 269 정기해일 을신계사 의처증이 심한남편

삼각산인 해설

일간이 亥중에서 투간한 甲목과 甲己합을 이루므로 재관이 모두 일간에 이르고 있습니다.

● 혼인관계

己토일간의 좌하 亥수에서 년시로 甲목이 투하므로 중혼지명이 됩니다. 년간의 甲목은 일간과 甲己합하므로 첫 번째 남편입니다. 甲목은 申금 절지위에 앉아 있을 뿐만 아니라 일지좌하와 申亥천하는 관계입니다. 따라서 30대 중반 이혼하게 됩니다. 두 번째 남자는 시상 甲목입니다. 두 번째 남편은 己토와 첩신(貼身)하여 합하기 때문에 사이가 좋습니다. 첫 번째 甲목의 입장에서 일간 己토는 자신보다 시상 甲목과 더 가까운 사이라고 생각하므로 시기심이 의처증이라는 형태로 나타납니다.

● 자손관계

己토의 식상은 년월의 申酉금, 시지 戌중의 辛금입니다. 년상 甲목은 申금위에 앉아 있으므로 아이를 낳으면 申酉금이 발동하여 절지(絶地)가 움직이므로 헤어지게 됩니다. 이른바 생자별부(生子別夫)입니다. 년월의 申酉금은 甲목이 관할하므로 첫 번째 남편과의 아이로 보입니다. 이석영 선생은 "아들 낳고 딸 낳고 살다가 두 번 시집가는 운명이다"라고 했습니다. 戌중 辛금은 시상 甲목이 관할하므로 두 번째 남편과의 아이로 추정됩니다.

사주첩경 해설

年入地殺 離鄕之家 연입지살 이향지가
년에 지살있으니 이향하게 된 부인이다

地殺重重 必踏異邦 지살중중 필답이방
지살이 거듭거듭 있어 남의 나라 땅도 밟아본다

日時天門 情通信仰 일시천문 정통신앙
일시에 술해 천문 놓아 정이 신앙에 통한다

己亥透官 終乃離別 기해투관 종내이별
기해일에 갑관이 투출하여 마침내 이별의 고배를 마신다

生子生女 再嫁之命 생자생녀 재가지명
아들 낳고 딸 낳고 살다가 두 번 시집가는 운명이다

食旺身衰 胞胎常墮 식왕신쇠 포태상타
식신은 왕하고 몸은 쇠하여 포태되면 자주 유산이다

食神傷官 四柱混合 식신상관 사주혼합
식신성과 상관성이 사주에 혼합되어 있다

再嫁生子 鷺養鴨子 재가생자 로양압자
두 집에서 애기 낳을 팔자요 남의 자손 키울 팔자다

己土虛弱 脾胃有病 기토허약 비위유병
기토일주가 허약하여 비위병에 신음있다

官臨戌亥 其夫醫業 관임술해 기부의업
관성이 술해에 임하여 그 부군이 의업가이다

若非夫君 其子仁術 약비부군 기자인술
만약 부군이 아니면 그 자녀가 의약업한다

[비교사주]

甲 丁 乙 丙
辰 巳 未 午 乾 사주첩경
壬 辛 庚 己 戊 丁 丙
寅 丑 子 亥 戌 酉 申

사주첩경 해설

월지 未土에서 乙이 투하니 인수격이라, 丁화일주 목화상생하여 신왕한 구조이다. 설기함을 기뻐하는데 辰토를 만났다. 목화토로만 구성되어 삼상격이다. 비견겁이 합하여 배다른 형제가 있다. 지장간 속에 乙庚합하니 재취한 어머니다. 巳중 庚이 정재로 처에 해당한다. 비견 겁재를 많이 가져 의처증이 생긴다. 의처증이 심각하여 정신이 혼미하다. 재성과 식신이 합하니 장모와 동거한다.

삼각산인 해설 - 의처증인 이유
丁화 일간의 배우자궁은 巳화이다. 巳의 지장간에는 丙/庚/戊가 들어 있는데, 그 중에 庚金정재는 배우자성으로 배우자궁에 위치하므로 처가 확실하다. 또한 일지 巳중에서 丙화 겁재가 년상에 투간되어 있다. 겁재 丙화는 일지에 귀록하고 있으므로 일간 丁화보다 세력이 강하다고 할 수 있을 뿐만 아니라. 巳중의 庚금재성을 먼저 사용한다는 의미가 된다. 庚금은 돈, 재산이기도 하지만 육친으로 본다면 아내인데, 庚금을 丙화겁재가 취하고 있으니 의처증을 유발하게 된다.

정신병 걸린 여인

```
甲 甲 丙 己
子 申 寅 卯   坤命 사주첩경 65번
```

추명가 54 인미신묘 년일대립 정신이상 걸려보고

삼각산인 해설

寅월 甲목이 건록격을 이루었습니다. 丙화가 인중에서 투간하여 식상으로 향배를 잡았습니다. 寅월 甲목은 수기를 공급받은 뒤, 丙화로 조후해야 하므로 천간의 구조는 갖추었습니다. 목화통명의 상이 있으므로 교육자로 살았습니다. 그러나 일지 申금과 월지 寅목이 寅申충으로 깨어졌으므로 파격입니다.

● 부모관계

이 사주의 어머니는 누가 될까요? 년월에 있는 녹신은 어머니가 될 수 있으므로 월지 부모궁의 寅목이 어머니가 됩니다. 아버지는 년월의 재성으로 봐야 하는데 년상 己토가 寅중 甲목과 甲己합하여 부모궁에 이르므로 아버지로 확정할 수 있습니다. 그런데 己토는 년지 좌하인 卯중 甲목과도 甲己합하고 있습니다. 아버지 己토와 함께 동주하고 있는 卯목은 누구일까요? 아버지 己토가 결혼한 첫 번째 여인입니다. 卯목은 큰어머니가 되고 월지 寅목은 본인의 생모입니다. 또한 비견겁이 혼잡하므로 이복형제가 있게 됩니다. 월주 丙寅은 부모궁이면서 형제궁인데, 寅목의 겁재인 卯목이 부친성인 己토와 동주하고 있으므로 이복형제가 있음을 알 수 있습니다.

● 혼인관계

남편의 향방은 기본적으로 남편궁에서 찾아야 합니다. 따라서 甲목과 합한 己토는 남편같아 보이지만 관성이 아니므로 결혼에 이르기는 힘들어 보입니다. 좌하 申금은 남편궁이면서 남편성 庚금을 가지고 있으므로 남편으로 확정해서 말할 수 있습니다. 그런데 申금은 일간의 녹신인 寅목과 寅申상충하고 있습니다. 따라서 이 사주는 남편과의 관계가 좋지 않습니다. 寅申충이 작동하는 년한인 30대 중반에서 40대 초반 사이에 남편과 헤어지게 됩니다. 남편이 횡액을 당해 사망했다고 합니다.

● **자식관계**

자식궁은 甲子이고 자식성은 丙火입니다. 월지 寅중에서 丙火식상이 투출되었는데, 월지 寅중의 甲목이 자식궁으로 투간했습니다. 따라서 자식은 월상丙火와 시상 甲목 모두를 자식으로 볼 수 있습니다. 그런데 寅申상충하는 모습이 좋지 않습니다.

寅申충으로 아들하나를 잃거나 멀리 떠나보내게 될 것으로 보입니다. 이석영 선생은 아들이 둘이었는데, 한명의 아들만 임종을 지켜볼 것이라고 추론했습니다.

● **질병관계**

丙火가 추위로부터 보온해주는 길신인데, 丙火의 뿌리인 寅목이 寅申충으로 상해 있습니다. 申금관성은 남편이므로 남편과의 갈등, 남편의 사망 등으로 인한 스트레스가 정신병증세로 이어진 것으로 보입니다.

사주첩경 해설에는 卯申 귀문(鬼門)으로 정신병을 앓았다고 기술하고 있으나, 단순한 신살의 작용보다도 丙火의 근이 끊어져 식상에 문제가 생겨서 정신병이 왔다는 것이 더 중요한 간명의 포인트입니다.

사주첩경 해설

年月日時 皆爲木星 연월일시 개위목성
연월일시가 묘인갑갑으로 모두가 목성으로 되어있다

不知虛僞 强直之性 부지허위 강직지성
허위를 모르고 강직한 성격이다

月建桃花 後妻所生 월건도화 후처소생(망신살)
생월에 도화살 있어 후처의 몸에 태어났다

日月相沖 兄弟不睦 일월상충 형제불목
일과 월이 상충되어 형제간에 화목치 못하다

肩劫混合 異腹兄弟 견겁혼합 이복형제
비견겁이 혼합하고 있어 배다른 형제가 있게 된다

四柱有刑 手術有跡 사주유형 수술유적
사주에 인신이 형하여 수술한 흔적이 있게 된다

莫嘆其跡 以此延命 막탄기적 이차연명
흉터를 탄식마라 그 흉터로써 연명한다

寅月甲日　手執敎鞭 인월갑일 수집교편
인월갑일이 투병하여 손에 교편을 잡아본다

宗敎信仰　探求眞理 종교신앙 탐구진리
종교신앙으로써 진리를 탐구한다

申金官刑　夫死橫厄 신금관형 부사횡액
신금관이 인형을 만나 남편이 횡액사한다

申卯鬼門　精神異常 신묘귀문 정신이상
신묘로 귀문살 놓아 남편일로 정신이상 걸려본다

雖曰二子　麟角爲孝 수왈이자 린각위효
두 아들이라 하겠으나 귀한 아들하나 종신이다

식모살이

戊 丁 壬 甲
申 巳 申 戌 坤 사주첩경 6번

추명가 267 시상상관 관불균은 식모마담 여성이요

삼각산인 해설
申월에 태어난 丁화입니다. 申월은 庚금을 익히는 계절입니다. 그런데 이 사주는 丙화가 투간하지 않았을뿐만 아니라 申중에 壬수가 투출했습니다. 일간의 巳중에서 戊토 상관이 시지에 투간하여 壬수를 제어하고자 합니다. 그런데 일간은 壬수를 합하고 있습니다.

즉 일간의 의향과 상관의 의향이 다른 모습을 보여주고 있습니다. 또 하나 월주 壬申과 일주 丁巳는 서로 합하여 재관을 제어하고자 하나 戊申시에 태어나 쟁합이 일어나 巳화의 의향이 순일하지 못한 모습이 있습니다. 따라서 파격이 됩니다.

● 부모관계

아버지는 월지 申금 재성에서 투간한 壬수입니다. 재성은 아버지 성이고, 壬수는 아버지 궁이므로 궁성이 일치하고 있습니다. 어머니는 申금과 합한 巳화인데, 巳화에서 시상으로 투간한 戊토로 볼 수 있습니다. 년월의 식상은 어머니가 될 수 있습니다. 그런데 壬수가 아버지라면 丁화와도 합하고 있으므로 어머니는 일간 丁화와 시상의 戊토 2명으로 추정해 볼 수 있습니다. 사주첩경의 해설에는 부모와 관련된 특별한 기록이 없으므로 확인할 수 없는게 아쉽습니다.

사주첩경의 기록에는 시어머니가 2명이었다고 합니다. 남편은 일간이 합한 壬수관성인데, 壬수는 申금으로부터 생조받고 있으므로 월지 申금이 남편의 어머니 곧 시어머니가 됩니다. 그런데 시지에 申금이 하나 더 있는 게 보이시죠. 월지 申금과 시지 申금 모두가 시어머니로 작동한 셈이군요. 두 명의 시어머니를 만나게 된 이유입니다.

● 혼인관계

남편성은 일간이 합한 월상의 壬수관성이고, 남편궁은 巳화입니다. 그런데 壬수가 丁화와 합하여 일지 巳화로 들어오면 절지에 이르게 됩니다. 따라서 남편복이 좋지 않습니다.

더불어 巳화가 월지와만 합하고 있는 것이 아니라 시지와도 합하는 게 보입니다. 시지 申금에도 壬수 관성이 있으므로 巳申이 쟁합하는 모습에서 중혼지상이란걸 파악할 수 있습니다. 젊어서는 월상 壬수와 결혼하고 나이들어서 시지 申중 壬수와 다시 결혼하게 됩니다.

어쩌면 巳申쟁합이 동시에 두 남자를 만나는 것으로 작동할 수도 있습니다. 이석영 선생은 '丁화가 3개의 壬수와 명암합하므로 음행을 범한다'고 논평했습니다.

● 자손관계

자식은 시상에 투간한 戊토입니다. 그런데 戊토는 壬수를 제어하고자 하므로 상관이 작동해서 아이를 낳으면 토극수가 일어나게 됩니다. 이른바 생자별부의 모습입니다.

사주첩경 해설

財藏壬殺 貪財反禍 재장임살 탐재반화
신금재를 탐하여 관살을 일구니 돈을 벌려다 화를 얻는다

財星重合 重拜姑嫜 재성중합 중배고장
전후신금 양재가 합하니 두 시모에 절한다

財星官殺 媤母唆夫 재성관살 시모사부
시모가 나의 남편을 부추기니 인하여 가정풍파가 많다

馬來刑身 交通事故 마래형신 교통사고
역마신금이 일지 사화를 형하니 교통사고 당해본다

食神官合 不正胞胎 식신관합 부정포태
무임식신관이 사신으로 합하니 반드시 부정포태 있어본다

雖曰然而 逢刑流産 수왈연이 봉형유산
그러나 그 무토자손이 산형을 만나 유산되도다

四柱財多 身育他家 사주재다 신육타가
술신사신에 모두 재가 되어 남의 집에 밥 먹고 자라났다

我財生殺 給財致辱 아재생살 급재치욕
내 재물이 관살을 생하고 있으니 내돈주고 뺨 맞으며 욕을 본다

孫宮馬刑 橫厄失踪 손궁마형 횡액실종
자손궁에 역마형살되어 자손횡액 또는 실종 주의하라

天定無子 我定一子 천정무자 아정일자
하늘은 나에게 무자로 정했으나 내가 일자로 세웠다

時上傷官 堂前使喚 시상상관 당전사환
시간에 상관성을 놓아서 가정부나 마담으로 살으리라

알콜중독 남편

```
甲 甲 戊 丁
子 子 申 亥   坤 사주첩경 제 234번
```

삼각산인 해설

申월은 庚금을 丙화로 익혀야 하는 계절이므로 수왕하면 좋지 않습니다. 원국에 丙화가 투간하지 못했을 뿐만 아니라 수기가 태왕하므로 파격입니다.

● 부모관계

　월상의 戊토편재는 아버지궁에 위치한 아버지성입니다. 따라서 戊토를 아버지로 확정할 수 있습니다. 그런데 申子합으로 일시의 子수가 월지와 연관을 맺고 있을 뿐만 아니라 子중 癸수와 戊토가 戊癸합하는 모습이 보입니다. 따라서 일시의 子수를 어머니로 볼 수 있습니다. 단 甲子는 복음이므로 한사람으로 봐야 합니다. 子수가 친모라면 년지의 亥수는 계모가 되므로 어머니가 둘이란 걸 알 수 있습니다. 戊토는 근이 없을 뿐만 아니라 지나치게 수왕한 원국 구조 때문에 버티지 못하고 무너지게 됩니다. '물이 많아 토가 씻겨가니 부친이 익사했다'고 합니다.

● 혼인관계

　남편성은 월지 申금 관성이고, 남편궁은 子수입니다. 申子회국하여 남편성이 남편궁으로 들어오므로 申금이 남편입니다. 그런데 수가 너무 많아서 문제인데 남편궁이 申子회국하면 기신(忌神)이 오히려 왕해지므로 남편복이 없게 됩니다. 수가 태왕함이 병이므로 남편이 알콜중독 증세를 보이는 것으로 구현되었습니다. 이석영 선생은 '부군이 술에 빠져 주광(酒狂)이다'라고 적었습니다.

● 자손관계

甲목 일주의 자손은 년상의 丁화 식상입니다. 丁화 식상은 자손궁인 子수에서 보면 절태지일뿐만 아니라 자손궁으로 연관을 맺으며 들어오지 못합니다. 따라서 자손을 얻기가 어려워 보입니다.

사주첩경 해설

年入地殺 必是離鄕 연입지살 필시이향
생년에 지살이 놓였으니 반드시 고향을 떠나 산다

海外出入 重重地殺 해외출입 중중지살
지살이 중중하여 해외에도 출입한다

木賴水生 水多木漂 목뢰수생 수다목표
목은 수의 힘을 바라지만 수가 많아서 목이 표류한다

重重印綬 重拜慈堂 중중인수 중배자당
거듭 인수가 있어서 두 자당님께 절해본다

雖有戊土 難爲制水 수유무토 난위제수
비록 무토가 있으나 많은 수를 제어하지 못한다

水旺土流 其父溺死 수왕토류 기부익사
물이 많아 토가 씻겨가니 그의 부친이 익사했다

四柱身旺 不奉翁姑 사주신왕 불봉옹고
사주 갑목일주가 왕하여 시부모를 잘 모시지 못 한다

四柱申金 夫星可知 사주신금 부성가지
신금성은 남편성인줄 알겠도다

金沉水底 夫主酒狂 금침수저 부주주광
신금은 수에 잠겨 부군이 술에 빠져 주광이다

難保偕老 八字所關 난보해로 팔자소관
부부해로가 어려운 것 팔자소관이다

地殺官星 國際結婚 지살관성 국제결혼
지살에 관성이 놓여있어 국제결혼을 하는 팔자다

孫臨殺地 難得子女 손임살지 난득자녀
자손정화가 수살위에 있어 자손 득하기 어렵다

고독한 귀부인 사주

壬 丁 甲 辛
寅 卯 午 亥 坤 사주첩경 27번

추명가 247 관성위주 부군이니 관성명랑 귀부(貴婦)되고

삼각산인 해설
午월 丁화가 화왕(火旺)지절에 태어나 건록격을 이루었습니다. 화왕지절에 壬수가 투간해서 화기를 제어하고 있으므로 시상 壬수가 상신(相神)이 됩니다. 원국에 상신을 갖추었으므로 귀한 사주입니다. 난강망식으로 보자면 여름은 금의 조력을 받은 수로 해갈해야 하는데, 壬수가 투간했으므로 조후의 길신입니

다. 한발 더 들어가서 이 사주의 의향을 논한다면, 丁壬합으로 일간이 壬수와 합하는 모습을 보는 게 중요합니다. 壬수는 년지 亥수에서 투간되었는데, 일간이 壬수관성을 취했으므로 귀격사주입니다. 辛금은 壬수를 생하고, 壬수는 시상에 투간하여 일간과 합했으므로 일간은 재관을 모두 제어하고 있습니다.

● 부모관계

아버지는 년상의 辛금 편재성입니다. 아버지의 자리는 월간인데 월상 甲목은 년지인 亥수에서 나왔습니다. 亥수 위에는 편재성인 辛금이 자리하고 있습니다. 辛금은 부모궁인 午중 丙화와 丙辛합하고 있으므로 아버지라고 확정할 수 있습니다. 辛금이 아버지라면 辛금은 午중 丙화, 寅중 丙화 두 개와 합하므로 아버지는 2명의 여성과 결혼했다는 것을 알 수 있습니다. 어머니는 甲목인성인데 辛금의 좌하 亥중에서 나왔으므로 아버지를 표시하고 있는 辛금과 동주하고 있으므로 甲목은 어머니라고 확정할 수 있습니다. 그런데 한 가지 더 주목할 것은 甲목이 午와 동주하고 있는 모습입니다. 午화는 丁화의 녹지로 자기를 대표하므로 甲목은 자신의 생모(生母)를 의미합니다. 그런데 午화는 甲목의 사지(死地)이기도 합니다. 따라서 생모는 어려서 사망하거나 헤어지게 되고 계모와 함께 살게 됩니다.(생모의 사망은 공망과도 연관되어 있습니다)

● **혼인관계**

일간 丁화는 시상의 壬수를 바라보고 있습니다. 壬수는 丁화의 관성으로 배우자입니다. 壬수는 년지 亥에서 투출되어 일간과 합했고, 년지 亥수는 丁화의 좌하인 卯목과 亥卯로 회국하고 있으므로 배우자임이 확실합니다. 년지는 조상궁이면서 국가 사회를 의미하므로 남편이 국가에서 일하는 고위공직자란걸 말하고 있습니다.

그런데 일지 丁卯에서 보면 戌亥가 공망이고, 년지 辛亥에서 보면 寅卯가 공망입니다. 게다가 년주에서 볼 때 일주, 일주에서 볼 때 년주가 공망인 것을 호환공망(互換空亡)이라고 하는데, 호환공망이 되면 육친과의 인연에 흠결이 있다고 합니다. 亥,卯,寅이 공망이고 寅중에서 투출한 甲, 亥중에서 투출한 壬은 원신(原神)이므로 공망이 된다고 보면, 8글자중 5글자가 공망이 됩니다. 기본적으로 고독한 사주입니다.

● **자식관계**

丁화일주의 식상 戊토가 자식성입니다. 자손궁인 시지 寅목에 식상이 있는데, 寅목위에 壬수관성이 있으므로 식상과 관성이 동주하므로 자식으로 확정할 수 있습니다. 그런데 자식성과 자식궁이 모두 공망에 떨어졌으므로. 자식과의 인연에 문제가 있다고 할 수 있습니다. 이석영 선생은 '자손궁이 아름답지 않으니 자식을 보전하기 어렵다'고 평가했습니다. 그러나 다행스럽게도 월지의 午中 己土 식상이 寅午회국으로 자손궁과 연관을 지니고 있으므로 己土 역시 자식이 될 수 있습니다. 午中 己土는 공망이 아니므로 본인이 출산한 아이가 됩니다.

사주첩경 해설

午月丁日 甲乙林立 오월정일 갑을림입
오월달 정일생이 갑을목이 간지에 들어섰다

得令得勢 身柱高强 득령득세 신주고강
목화합세하고 또 시령을 얻어 그 일주가 매우 고강하다

時上壬水 亥中着祿 시상임수 해중착록
시간 임수관성이 해중에 록근을 세웠다

身旺官根 貴婦人格 신왕관근 귀부인격
신이 왕한데 관이 뿌리를 내려 귀부인이 틀림없다

身坐梟神 幼失慈母 신좌효신 유실자모
생일에 효신살있어 일찍 어머니를 잃었다

偏正會印 庶母膝下 편정회인 서모슬하
편인정인이 회합했으니 서모님 글하에 자랐다

日時寅卯 印綬梟神 일시인묘 인수효신
생일생시가 인묘로 인수와 효신이다

孫宮不美 難保其子 손궁불미 난보기자
자손궁이 좋지 못해 자손을 보존하기 어렸다

幸遇得午 食神得根 행우득오 식신득근
다행이 오를 얻어 오중에 기토가 뿌리박고 있다

木火火星 通關得子 목화화성 통관득자
목생화 화생토하여 상생으로 득자하였다

地殺重重 他道他國 지살중중 타도타국
지살이 인해로 거듭있어 타도타국 살아본다

夫榮子貴 福祿甚誇 부영자귀 복록심과
남편 영하고 자는 귀하여 복록을 자랑하며 산다

제 4 부
자식을 낳지 못하는 여인

자식을 낳지 못하는 여인

乙 癸 庚 丙
卯 酉 寅 辰 坤 사주첩경 30번 (중국여성)

추명가 285 지살역마 놓은 여성 이방에서 사랑 맺고 국제 결혼

삼각산인 해설

寅月癸수가 乙목이 득령하여 상관격을 이루었습니다. 寅월은 아직 겨울이 가지 않은 계절이므로 癸수가 丙화를 만났으므로 자연스럽게 향배가 丙화로 정해집니다. 원국의 구조가 乙丙癸를 구비하여 좋아 보이나 봄의 乙목은 辛금을 가장 두려워하는데 일시에서 卯酉가 충하여 왕목(旺木)의 뿌리를 끊었으므로

파격이 됩니다.(乙의 귀록지는 卯이고 辛의 귀록지는 酉)

● 부모관계

부모궁인 월주에 庚금인성이 있습니다. 어머니성이 부모궁에 있으므로 어머니는 庚금이고 아버지는 庚금과 합하는 乙목입니다. 庚금은 寅목절지에 앉았으므로 어머니 복이 없을 것이고, 아버지인 乙목은 卯酉충으로 근이 상했으므로 부모복이 없습니다. 부모복이 없으니 중국여자가 한국까지 나이든 남자 만나 시집왔겠죠, 乙목이 丙화를 보고 癸수를 띄웠으니 기본구조를 갖추었으나 지지가 뒷받침 되지 못하니 아쉽습니다.

● 혼인관계

좌하 남편의 자리는 酉금인데 酉금은 辰토와 합하고 있죠. 辰중에는 戊토 관성이 있는데, 辰酉합으로 배우자궁과 연관을 갖게 되므로 남편이 확실합니다. 관성이 년에 있으므로 일찍 결혼합니다. 년주의 연한은 1세부터 15세에 해당하기 때문입니다. 또한 년지에 있는 관성을 남편으로 취하면 공간적으로 먼 곳으로 시집가게 됩니다. 壬癸일주 여성이 戊토를 관성으로 쓰면 나이차이가 많은 늙은 남자와 결혼합니다.(壬癸日柱用戊官 少女定嫁白頭郞) 이런 상황을 종합하면 젊은 시절에 나이든 외국남자와 결혼하게 됩니다. 10

대 중·후반 辰土가 궁으로 들어오므로 외국 남자를 만나 멀리 시집 갔다는 것을 알 수 있습니다. 그런데 일시가 상충하고 卯辰이 상천 하므로 남편과 헤어지게 됩니다.

첫 남편과 卯辰천, 卯酉충으로 헤어지고 나면 또 다시 결혼을 하기 어렵습니다. 寅中 戊土는 寅酉원진으로 궁으로 오지 못합니다. 乙목이 酉중의 庚금으로 합하니 결혼할 수 없을까요? 배우자궁인 酉중에서 庚금이 월상으로 투출했으므로 배우자 궁에서 올라간 것은 맞지만 관성이 아니므로 남편이라고 보기는 어렵습니다. 卯酉충 하므로 남편이 되지 못할 겁니다. 배우자궁인 酉금으로 들어오는 관성이 없으므로 두 번째 결혼은 아마 안될 것으로 판단합니다. 남편성이 없습니다.

● **자식관계**

이 사주는 자식성인 식상이 일시상충으로 깨진 것이 흠입니다. 게다가 卯목은 관성인 辰土를 묘진천합니다. 卯목 식상이 작용해서 아이를 낳으면 卯辰천이 작동하기 시작하므로 아이를 낳고 얼마 지나지 않아 상부(喪夫)합니다. 이를 생자별부(生子別夫: 자식을 낳으면 남편과 헤어진다)라고 합니다. 또한 乙목이 자좌 녹지에 들었는데, 卯酉충하여 록신이 무너지고 말았습니다. 아이도 키우지 못할 것으로 보입니다.

사주첩경 해설

世情吝嗇 我獨厚重 세정인색 아독후중
세정은 인색하나 나는 홀로 후하게 산다

給衣給食 不怠賑資 급의급식 불태진자
남에게 옷주고 밥을 주며 빌려주는데 게을리 안한다

月地驛馬 背井鄉里 월지역마 배정향리
월지에 역마성 있으니 물마시던 고향을 떠난다

生疎萬里 異國定着 생소만리 이국정착
역마있어 고국떠나 생소한 이국땅에 정착했다

天馬剋官 異國傷夫 천마극관 이국상부
인역마가 토관을 극하니 남의 나라에서 상부한다

皎月滿空 我使悲泣 교월만공 아사비읍
밝은 달이 만공산하니 나로 하여금 슬퍼 울게한다

印綬敗絶 父母無德 인수패절 부모무덕
경은 인에 절하고 유는 묘에 패하여 부모덕이 없다

食旺身衰 胞胎常墮 식왕신쇠 포태상타
식신은 왕하고 신은 쇠하여 애기배면 자꾸만 유산한다

祈禱服藥 神藥無靈 기도복약 신약무령
기도도 해봤고 약도 먹었으나 신도 약도 모두 무영이다

日時相沖 身上有跡 일시상충 신상유적
일과 시가 상충하여 몸에 흉터 좀 있게 된다

癸日戊官 本來老郞 계일무관 본래노랑
계일생이 무관을 놓아 본래가 노랑에게 시집갔었다

夫子具無 寂寞江山 부자구무 적막강산
남편과 자손이 모두 없으니 좋은 강산이나 나는 적막하다

[비교사주 - 딸만 여섯]

壬 辛 丙 辛
辰 卯 申 丑 乾 6 하중기 간명
辛 壬 癸 甲 乙
卯 辰 巳 午 未

삼각산인 해설

금수가 세력을 이루어 丙화와 卯목을 제어하는 구조이다. 그러나 辛금이 쟁합하므로 丙화를 완전히 통제하지 못한다. 따라서 壬辰운에 발전한다.

● 부모관계

좌하의 卯목이 겁재 申금과 卯申합하므로 부친이다. 초년 대운 乙未에 卯중 乙목이 천간에 투간하면 乙辛충으로 제거되므로 부친이 일찍 사망한다. 월지 申금 어머니궁에서 壬수 식상이 투간하였으므로 모친이다. 어머니 궁인 申금이 卯申합, 申辰합하므로 어머니는 두 번 결혼한다. 일지의 卯목은 친부이고 辰중의 乙목은 계부이다.

● 혼인관계

비겁이 많아 극처한다. 좌하 卯목은 卯申 암합하고 申중의 壬수가 시상으로 투했다. 癸巳대운 巳申합으로 申금이 합반되고, 乙亥년 시상 壬수가 亥수로 내려오는데 년운상충하여 壬수가 상한다. 게다가 卯중 乙목이 천간으로 투간하면 卯辰이 서로 동하여 卯辰천이 발생하므로 부인이 갑자기 사망했다.

두 번째 부인은 진중의 乙木이다.

● **자식관계**

丙화정관이 딸인데 癸巳대운 巳로 내려가서 巳申합한다. 甲戌년 辰戌충, 丑戌형으로 丙화가 입묘한다. 아버지가 丙辛합으로 일찍 헤어지는 것처럼 딸도 잃게 된다. 자손궁과 일지가 卯辰천하므로 아들을 얻기 어렵다.

자식을 잃게 되는 여인

丙 乙 壬 甲
戌 亥 申 寅 坤 사주첩경 33번

추명가 216 갑을일생 월시병술 일자흉사 어김없네

삼각산인 해설

申월에 태어난 乙목 일주입니다. 申월은 庚금을 丙화로 익히는 계절입니다. 이 사주는 월지 申중에서 壬수가 투간하여 丙화를 극하고 있습니다. 丙화식상을 사용해서 申금을 익혀야 하는데 월지에 뿌리박은 壬수가 오히려 식상을 제어하고 있으므로 그 자체로서 파격입니다.

● 혼인관계

남편성은 월지 申금관성이고 남편궁은 좌하 亥수입니다. 亥중에서 壬수가 월상에 투간하여 申금 관성과 동주하고 있습니다. 궁과 성이 함께하므로 申금이 남편입니다. 그런데 남편성 申금과 남편궁 壬수의 관계가 申亥가 상천하고 寅申이 충하므로 궁성이 모두 깨어졌습니다.

● 자식관계

시상의 丙화는 자손궁에 위치한 자식성입니다. 乙목이 丙화를 보아 식상으로 향배를 정했으므로 자손이 일견 좋아보일 듯합니다. 시지 戌토는 년간의 寅목과 寅戌회국하고 있으므로 寅중 丙화 역시 자식으로 볼 수 있습니다. 이석영 선생은 2명의 아들이 있었다고 기록했습니다. 戌중 丁화 역시 자손궁에 있는 자식성인데, 일간과 음양이 같으므로 아들이 아니라 딸입니다.

그런데 寅중 丙화는 寅申충으로 깨어지고, 시상 丙화는 자좌입묘했으므로 불안해 보입니다. 년상의 寅목은 寅亥합으로 충중봉합하므로 대해는 면할 수 있을듯하지만, 시상 丙화는 戌토에 입묘하는 것을 구제할 수단이 없으므로 흉액이 있습니다.(사망함) 대략 50대 초반이 되면 시지 戌토가 작동하므로 대해를 피할 수 없습니다.

사주첩경 해설

木火通明 文明之象 목화통명 문명지상
목화가 잘 통명하였으므로 문명의 기상을 타고 났다

事理名哲 錦心繡口 사리명철 금심수구
모든 사리에 매우 밝으며 마음이 비단결 같고 말이 곱다

驛馬加鞭 遷移頻煩 역마가편 천이빈번
역마에 충을 놓아 채찍질하니 집 이사함이 매우 빈번하다

海外萬里 必有遍踏 해외만리 필유편답
해외땅 만리 길에도 반드시 살아봄이 있다

官星沖刑 夫君不實 관성충형 부군부실
관성신금이 인신충형되어 남편궁이 부실하다

水木盛旺 風凉身疾 수목성왕 풍양신질
수는 양하고 목은 풍인데 수목왕으로 풍과 양병으로 몹시 앓았다

子女産後 其病快差 자녀산후 기병쾌차
그 수목이 병화로 뽑혀 특병양풍은 깨끗이 나았다

食神生財 財福裕足 식신생재 재복유족
식신병화가 생술토하여 그 재복은 유족하다

更逢虎殺 其子橫厄 갱봉호살 기자횡액
또다시 식신이 백호살에 있어 그 아들 횡사의 운명이다

食神墓破 水殺來剋 식신묘파 수살래극
식신이 입묘요 충형인데 또다시 왕한 수가 래극화 한다

二子之中 一子臨終 이자지중 일자임종
두 명의 아들이 있으나 식신이 상하여 일자 임종한다

戌亥天門 老來念佛 술해천문 노래염불
술해가 천문이 되어 노래 염불 지극히 하며 산다

연구

그 자식 공군으로써 제주도 비행기 추락사건에 산화했는데 그 명리학적 이유는 申은 수장생이요 亥는 관궁으로써 수가 심왕하여 바다가 되므로 戌토는 육지인즉 해중지 육토로서 섬이요 戌亥는 천문의 관문으로서 만물을 제도하는 상이므로 제도하는 섬 즉 제주도요 그리고 寅중丙화 식신은 아들이요 인지살차는 寅중丙화로서 염상지차 즉 공중에 떠오르는 차 다시 말하여 비행기가 되는 것으로 그 아들이 비행기 타는 공군이 된 것이다 그리고 그 아들 丙화는 술에 입묘하였고 동시에 백호대살이고 또 寅중丙화는 申에 충형당하였는즉 그 아들이 제주도에서 비행기사고로서 흉사하는 상이 된다 고로 그렇게 당한 것이 아닌가 하고 나는 추리하여 보았다.

신윤복, 자모육아(慈母育兒) - 간송미술문화재단

자식이 불구인 사주

丙 庚 壬 壬
子 寅 子 辰 乾 사주첩경 36번

추명가 215 경일주에 병화자손 주중수국 만나면 눈병신의
자손있어 밤낮으로 한숨이요

삼각산인 해설
子월 庚금이 壬수가 득령하여 수왕지국으로 금수상관을 이루
었습니다. 금수상관은 희견관성(金水傷官 喜見官星: 금수상관
격은 관성을 보는걸 좋아한다)이므로 시상 丙화가 길신(吉神)
입니다. 子월의 庚금이 庚丙壬의 진신체계를 갖추었으므로 격

국이 큽니다. 그러나 丙화가 자좌 절지에 앉아 있는 것이 아쉽습니다.

● 부모관계

사주첩경에는 본인의 부모관계에 대한 언급이 없고, 다만 장모가 2명이라고 기록되어 있습니다. 이 사주의 처는 寅목재성인데, 寅목이 처라면 처의 어머니는 수생목하는 子수가 됩니다. 그런데 子수가 월시에 복음으로 존재하고 있으므로 어머니가 두 명 이상이란 걸 알 수 있습니다. 이석영 선생은 식신이 거듭있어 장모님이 두 분 있다고 설명했습니다.

● 혼인관계

庚금일간의 좌하 寅목이 배우자궁인데 寅중에서 丙화가 투출했습니다. 丙화가 추운 겨울의 한기를 조후하는 길신이므로 처덕도 좋았으리라고 생각합니다. 그러나 丙화가 절지에 앉아 무력하므로 정처의 소생이 없었던 것으로 보입니다. 과어한습자는 희손(過於寒濕자 希孫: 너무 한습한 사주는 자손이 적다)인 경우가 많습니다.

● **자손관계**

　남명의 관성은 자식성입니다. 자손궁인 시상 丙화 편관은 자손궁에 자식성이 위치하므로 아들입니다. 구결에 '시상편관만자영(時上偏官晚子榮:시상편관은 아들이 늦다)'고 했던 바, 처에게서 아이가 없다가 뒤늦게 소실에게서 아들을 낳았다고 합니다. 그러나 자좌절지에 앉아 무력하고 壬수의 극제가 심하여 자손궁에 흠이 있습니다. 본처 소생의 딸아이가 눈이 보이지 않았다고 합니다.

● **보론 : 눈이 보이지 않은 이유**

　시주는 사주의 구조상 문호에 해당하는데, 문호에 있는 丙丁화는 눈으로 볼 수 있다. 그런데 丙화가 절지에 앉아 있으므로 눈이 부족한 자손으로 구현되었다.

　사주첩경 해설

庚日水局 金水雙淸 경일수국 금수쌍청
금일이 자진수국 놓아 금수쌍청으로 매우 청백했다

庚日丙時 音聲雄雅 경일병시 음성웅아
경일생이 병을 만나서 그 음성이 맑고 우렁차다

居鄉人材 指曰某某 거향인재 지왈모모
사는고장 향리에서는 누구누구라 인재로 꼽혔다

生日驛馬 海外出入 생일역마 해외출입
생일에 역마를 놓아 해외에 출입한다

食神重重 重拜丈母 식신중중 중배장모
식신이 거듭있어 장모님이 두분 있다

生日陽差 外叔孤獨 생일양차 외숙고독
생일에 양차살 놓아 외삼촌이 고독하다

時上丙子 妻男亦孤 시상병자 처남역고
시간에 병자를 놓아 처남도 고독하다

子月丙火 冬天太陽 자월병화 동천태양
자월에 병화는 그야말로 겨울철의 태양과 같은 존재다

多逢壬癸 白雪紛紛 다봉임계 백설분분
천간지지로 임계수가 많아 백설이 분분하게 내린다

丙火子女 沒光目暈 병화자녀 몰광안훈
병화가 경금의 자녀되어 그만 몰광으로 자녀눈이 상했다

丙火官鬼 重重水剋 병화관귀 중중수극

병화관살이 사방에서 수의 극을 당하고 있다

如子如孫 庶出貴子 여자여손 서출귀자

손자같은 아들을 늦게 소실의 몸에 일자 두었다

연구

본실 딸 하나는 눈 병신이요, 딸 하나는 다리를 절단하였고, 오십이 넘어 소실 몸에 일자를 두었다 그리고 8.15전 광산을 하여 일확천금하였고 면장도 지낸 바 있다. 丙丁화 관살이 다봉수극하면 그 자녀 안맹 또는 수족불구됨을 나는 많이 경험하고 있다. 그리고 그 丙화가 인수면 모요 그 丙화가 재면 부요 그 丙화가 비견겁이면 형제간이라는 것을 응용하고 여명에는 丙화가 식신이면 자녀이고 丙丁화가 관살일 때는 남편으로 여명육친화현법에 따라 육친을 정하면 된다.

[비교사주 : 자식복 없는 사주]

丁 丁 戊 丙
未 丑 戌 子   坤5 하중기 간명

癸 甲 乙 丙 丁
巳 午 未 申 酉

3남 2녀의 자녀가 있다. 초년에 남편을 보내고 수절했다.
아들들은 모두 변변치 못하고, 장애가 있거나 병이 있다.

삼각산인 해설
목화가 금수를 제어하려는 의향을 지니고 있다. 그런데 子丑이 서로 합하여 목화세력에 저항하고 있으므로, 반국을 이루었다. 子수가 남편인데 丑戌未 삼형으로 무너지므로 사별한다.

● 자식관계

丁화 식상 戊己토가 자손으로 작동한다. 戊는 丙과 같으므로 동일한 것으로 본다면, 戊丙戌은 아들 丑未는 딸을 의미한다. 丑戌未 삼형을 이루고 있으므로 이는 자식과 관련된 불행을 나타낸다. 丙은 태절지에 앉았고, 戊는 입묘지에 앉아 있을뿐만 아니라 丑未는 서로 충하므로 자식들에게 문제가 있다.

● 혼인관계

남편궁인 丑토로 년지 子수 관성이 子丑합하여 들어오므로 남편이다. 그런데 子가 丑으로 오는 순간, 丑未충, 子未천이 일어나므로 삼십대 중반이후 남편과 헤어지게 된다. 未토는 딸이므로 3남2녀를 낳고 丑未충이 일어나면 사별하게 된다. 乙未대운 子未천, 丑

未충이 응하므로. 남편과 사별하게 되고, 그 뒤에는 관성이 없으므로 독신이다.

● **재정관계**

좌하 丑토 재고가 丑戌형으로 열리므로 부자의 사주로 착각할 수 있다. 그런데 子丑합으로 년상의 丙화 겁재가 丑중 辛금을 가져가므로 부자가 될 수 없다. 나이가 들어서는 丑未충으로 재고가 열리지만 비겁인 丁화가 시상에 있으므로 부자가 되지 못한다.

난산하는 여인

```
己 丙 辛 甲
丑 戌 未 戌   坤 사주첩경 62번
```

추명가 311 상관식신형살이면 나팔관에 임신하네

삼각산인 해설
여름철에 태어난 丙화가 화토와 세력을 이루어 辛금과 丑토를 제압하는 이른바 적포구조입니다. 금수가 강해져야 하는데 운로가 동남으로 흘렀으므로 향배가 맞지 않습니다. 여명의 경우 식상이 너무 강해서 관성을 지나치게 극제합니다.

년상의 甲목으로 왕토를 다스리고자 한다면, 조후가 맞지 않고 수기가 부족하므로 파격입니다.

● **부모관계**

부모는 월주에서 찾아야 합니다. 월상의 辛금재성은 부모궁에 위치하고 있으므로 아버지로 볼 수 있고, 월지 未중에 乙목 인성은 어머니로 추정할 수 있습니다. 未중에서 己토가 시상으로 투간되어 있으니, 己토가 어머니의 모습입니다. 未중의 乙목을 어머니로 볼 때, 년주의 甲목이 눈에 들어 옵니다. 辛금은 년지 戌토에서 나왔다고 할 수 있는데, 甲목과 辛금은 같이 살고 있으므로 년상의 甲목 역시 어머니가 됩니다.(辛금의 입장에서는 甲목이 재성이므로 처가 됩니다) 따라서 년상 甲목은 큰어머니, 未중 乙목은 본인의 어머니로 파악할 수 있습니다.

사주첩경에는 이복형제가 있다고 되어 있습니다. 辛금의 입장에서 보면, 辛금을 극하는 丙丁화가 辛금의 자식이 됩니다. 丁화는 戌중에 있는데, 년지 戌토와 월지 未토, 일지 戌토에 丁화가 있습니다. 그런데 년상의 甲목을 큰어머니로 본다면 년지 戌중 丁화는 이복형제라고 할 수 있습니다.

● 혼인관계

丙화의 배우자궁인 戌중에서 辛금이 투출했으므로 배우자로 볼 수 있습니다. 그러나 辛금의 좌하인 미토와 戌未형을 틀고 있으므로 헤어집니다. 두 번째 남편은 丑중의 癸수인데, 역시 丑戌형을 이루고 있어 해로하기 어렵습니다.

● 자손관계

여명의 자손은 식상입니다. 이 사주는 식상을 자식으로 볼 수 있는데 식상이 형국을 틀고 있으므로 자손궁에 약점을 가지고 있습니다. 이석영 선생은 식상이 형국을 틀어 '나팔관 임신'을 했다고 기록했습니다. 난산하는 사주입니다. 월상의 辛금과 丑중의 癸수를 모두 남편으로 본다면, 년월의 식상은 첫 번째 남편의 아이이고, 일시의 식상은 두 번째 남자의 아이라고 볼 수 있습니다. 사주첩경에는 식신상관이 혼합하여 남이 낳은 자손 키운다고 되어 있습니다.

사주첩경 해설

陽陰陽陰 半陰半陽 양음양음 반음반양
양음양음으로 구성되어 반음반양으로 되어 있다

情通神佛 華蓋天門 정통신불 화개천문
정이 신불에 통하게 된 것은 화개와 천문이 있는 탓이다

火土食神 心廣體胖 화토식신 심광체반
화토상관으로 되어 있어 마음은 넓고 몸이 살이 찐다

傷官重重 重拜祖母 상관중중 중배조모
상관이 거듭 있어 두 조모님께 절해본다

丑中藏官 刑破難存 축중장관 형파난존
축중계수 관성이 술형미충을 만나 깨지고 말았다

夫婦琴瑟 難爲偕老 부부금슬 난위해로
부부지간의 금슬은 해로하기 어렵다

丙日四庫 食神庫藏 병일사고 식신고장
병일 진술축미 네 고장이 식신고장 즉 애기집이다

身衰子旺 子宮外娠 신쇠자왕 자궁외신
신약자왕으로 애기가 넘쳐 그 애기가 자궁외에 들었다

食神相刑 手術出山 식신상형 수술출산
식신이 형살을 만나서 그 애기 수술하여 출생이다

食傷混合 鷺養鴨子 식상혼합 로양압자
식신상관이 혼합하여 남이 낳은 자손 키운다

雖曰二子 一子臨終 수왈이자 일자임종
아들은 둘이라 하겠으나 일자종신 하리라

比肩劫隱 異腹兄弟 비견겁은 이복형제
비견겁이 암장에 있어 배다른 형제 있게 된다

제 5 부

남편이
출세하는 여인

남편이 출세하는 여인

乙 辛 丙 丙
未 亥 申 午 坤 사주첩경 88번

추명가 249 신왕관흥 만난부인 유등부인 득명이라

삼각산인 해설
申월 辛금이 월령을 얻었습니다. 자평진전의 견해로 풀어 보자면, 금왕지절에 辛금이 득령하여 녹겁격을 이루었는데, 년월에 투간한 정관 丙화가 왕금을 제어하므로 신왕관왕한 사주입니다. 계절론으로 보자면 申월은 丙화로 庚금을 익혀야 하는 계절인데 丙화가 年月에 투간했고, 좌하 亥수로 조열하지 않게 수기를 공급하고 있으므로 성격되었습니다. 좀 더 깊이 보자면 일간 辛금은 丙辛합, 午亥합으로 관성을 일지로 끌어오고, 亥未회국 하여 재성을 끌어오므로 결과적으로 일간이 재관을 모두 사용, 큰 격국을 이루었다고 볼 수 있습니다. 게다가 亥未가 회국하면서 시상편재의 귀록지인 卯를 허신으로 불러 오므로 부귀영달 하는 사주입니다.

● 부모관계

년월의 녹겁은 어머니가 될 수 있으므로 어머니는 월지 申금으로 보입니다. 게다가 편재성인 乙목이 어머니 자리인 월지 申금과 乙庚합하므로 乙목은 아버지, 申금은 어머니로 추정할 수 있습니다.

● 혼인관계

申금일간이 년월의 丙화와 丙辛합하므로 남편이 두 명이라고 오판하기 쉽습니다. 그런데 자세히 보면 丙화는 모두 午화에서 투간 했으므로 동근이지(同根異枝: 뿌리는 같고 가지가 다름)라고 할 수 있으므로 한사람입니다. 辛亥일주는 고란살이라고 해서 남편복이 없다고 하지만 명리는 신살보다도 사주의 의향과 원국의 조화를 고려하는 것이 더 중요하다고 생각합니다.

이 사주가 귀하게 되는 원인은 午화를 시지 未토가 午未합으로 끌어온 뒤, 亥未합을 거쳐 일주로 귀결됩니다. 관성이 유장(悠長)하게 일주에 이르게 되므로 격국이 커집니다. 적천수에서는 이를 원류(源流)라고 부르는데, 적천수 주석에는 "이 원류가 흘러서 어느 곳에 도달하는지 살펴, 길신이 머물면 마침내 좋은 귀결처가 된다."고 말하고 있습니다. 따라서 남편이 영달하는 사주라고 판단할 수 있습니다.

● **자식관계**

자식성 식상은 亥수이고, 자손궁은 乙未입니다. 亥未가 회국하고 있으니 亥수와 乙목 모두 아들로 보입니다. 주의할 점은 乙辛충으로 시간 乙목이 잘리므로 자손에 흠결이 있는 것이 아니란 점입니다. 일간 辛금의 의향이 丙화를 바라보고 있으므로, 乙辛충은 잘 일어나지 않습니다. 따라서 아들 2명 모두 무탈하게 성장했습니다.

사주첩경 해설

推命以前 莫言吉凶 추명이전 막언길흉
자세히 명을 추리하기 전에는 섣불리 길흉을 논하지 말라

午生女命 良婦數多 오생여명 양부수다
말띠 여인 중에서도 행복한 부인이 얼마든지 있다

此命富貴 福祿堪誇 차명부귀 복록감과
이 말띠도 그 하나의 예로써 복록을 자랑하는 사람이다

乙木亥未 財星有根 을목해미 재성유근
을목재가 나타나 있어 해미에 뿌리를 박았다

其財剋印 親庭衰退 기재극인 친정쇠퇴
그 재성이 인수미를 극하여 친정이 마침내 쇠퇴하였다

其財生官 夫主增榮 기재생관 부주증영
그 재가 관을 생하여 남편이 크게 귀하게 된다

四柱驛馬 觀光萬邦 사주역마 관광만방
사주에 역마성 놓여서 세계만방을 관광한다

雖曰多官 有制自沒 수왈다관 유제자몰
사주에 병화관이 많다하나 하나의 병은 제하고 또 다른 병은 몰지에 있다

申月辛日 火金調和 신월신일 화금조화
신월에 신금일생으로 왕한 화와 금이 조화가 되었다

有等夫人 貞夫人位 유등부인 정부인위
귀부인의 사주를 타고나서 마침내는 재상부인까지 되었다

出家以後 財福隨身 출가이후 재복수신
출가하면서 친정 재복이 나를 따라왔다

孫宮臨衰 二子臨終 손궁임쇠 이자임종
자손궁에 쇠궁이 임하여 이자가 임종에 참석이다

공부 잘하는 사주

乙 甲 丙 甲
亥 寅 寅 子 乾 사주첩경 5번

추명가 103 춘하월에 甲乙일생 설단생금 교육가라

삼각산인 해설

寅월 甲목이 목왕지절에 태어나 월령(月令)을 얻어 건록격이 되었습니다. 왕목(旺木)은 설기해야 하는데 월상에 丙화가 투간하여 목화통명을 이루었습니다. 정월달은 甲목이 뿌리를 내리는 계절로 아직 초춘(初春)의 한기가 가시지 않은 때입니다.

월상의 丙화는 왕목을 설하는 희신이자 한기(寒氣)를 가시게 해주는 약신(藥神)입니다. 년시의 亥子 수기를 바탕으로 甲목이 뿌리를 내린 뒤 丙화로 한기를 제거하니, 격국의 완성도가 높습니다. 목일주가 수기를 만나 활목(活木)이 되었으므로 丙화를 보아 꽃을 피워야 하는데, 월상의 丙화가 투간해서 목화통명(木火通明)을 이루었으니 부귀 쌍전하는 명입니다.

● 부모관계

甲목의 편재 戊토는 아버지를 나타내는데 부모궁 寅중에 戊토가 있으므로 아버지 성입니다. 월지 寅중에서 丙화가 월상으로 투출했으므로 丙화가 아버지의 투출이라고 할 수 있습니다. 丙화의 역할이 길하므로 좋은 집안 출신임을 알 수 있습니다. 어머니는 인성인데, 년지의 子수와 시지 亥수가 모두 어머니 성입니다. 년상의 子수는 寅중 戊토와 합하고, 시지 亥수는 寅亥합하므로 모두 어머니가 될 수 있습니다. 따라서 이 사주는 어머니가 둘이라는 걸 알 수 있습니다. 년지 子수는 객위에 있고, 시지 亥수는 주위에 있으므로 아마도 어머니는 두 번째 후처였을 것으로 보입니다. 비겁이 중중하므로 형제가 많습니다.

乙목 겁재는 시상에 투간하여 제어되지 않았으므로 이복형제가 있다고 볼 수 있습니다. 년지 子수는 큰어머니이고 시지 亥수는 자신의 어머니라고 추론한다면 년월의 비겁은 이복형제이고, 일시의 비겁은 동복형제라고 보아도 무방합니다.

● 혼인관계

배우자 궁인 좌하 寅중에서 丙화가 투간했으니 처라고 볼 수 있습니다. 한기가 가시지 않은 계절 丙화는 조후의 길신이므로 배우자 역시 좋은 사람으로 추정할 수 있습니다. 좋은 여인과 결혼하여 처덕이 있었으리라고 생각합니다.

● 자식관계

자손궁에 겁재가 위치할 뿐만 아니라 공망에 해당합니다. 따라서 겁재의 모습을 하고 있는 자손은 기대에 미치지 못할 것으로 보입니다. 이 사주의 길신은 丙화인데 시지 亥수에서 丙화는 절지가 됩니다. 乙목 겁재가 처리되지 않고, 丙화가 시지에서 절지에 이른다는 것이 사주의 흠이 됩니다. 이석영 선생은 '여식이 속을 썩인다'고 언급하고 있습니다.

사주첩경 해설

道義君子 綠竹有意 도의군자 녹죽유의
그대는 군자의 성격이며 강직하여 푸른 대나무와 같다

溫山綠竹 由何靑靑 온산녹죽 유하청청
따스한 산기슭 대나무가 무엇을 말미암아 청청하더냐

丙火透出 木火通明 병화투출 목화통명
왕성한 나무는 병화를 만나 정을 뿜으니 광명이 환히 통한다

四柱驛馬 海外出入 사주역마 해외출입
사주에 역마성이 있어 해외에도 출입 있어본다

驛馬合印 海外留學 역마합인 해외유학
역마인목과 인수해가 합하여 해외유학 하여 본다

春月甲木 手執敎鞭 춘월갑목 수집교편
인월에 갑목이 다시 봉인하여 손에 교편을 잡아본다

甲日天門 身登醫業 갑일천문 신등의업
갑일생이 해시천문을 놓아 그 몸이 의업에 나선게 된다

如斯推理 醫大敎授 여사추리 의대교수
이와 같이 의업 교육이니 공은 의대교수 아니겠는가

水木火星 秀氣流行 수목화성 수기류행
수생목 목생화 하여 그 빼어난 기가 잘 흘러 통한다

博士學位 家門顯赫 박사학위 가문현혁
박사학위를 타게 되어 가문을 크게 빛낸다

群劫合身 異腹合陣 군겁합신 이복합진
비겁무리가 사방에 합하였으니 배다른 형제가 진을 쳤다

正官暗合 女息不正 정관암합 여식부정
정관성 신금이 병화에 암합하여 여식이 연애로 속 썩인다

[비교사주]

戊 甲 壬 壬
辰 子 寅 子 乾6 명리요강

戊 丁 丙 乙 甲 癸
申 未 午 巳 辰 卯

명리요강 해설

甲木이 입춘과 우수 사이에 태어나 월령을 얻었으므로 신왕하다. 초봄에 한기가 남았으므로 寅中 丙火가 용신이 될듯하나 丙화가 투간하지 못했고, 수가 너무 많다. 辰중에 착근한 시상 戊토가 왕수를 억제하는 용신이다. 癸卯운은 수목이 戊토를 극하므로 부모가 모두 돌아가셨다.

乙巳운부터 상업에 종사했고, 丙午 丁未운에 귀인이 도와 사업에 성공, 부를 축적했다. 그러나 관직에 나가지 못한 것은 화가 너무 약한 가운데 壬수가 투출했고, 일점의 금기(관성)가 없기 때문이다. 申운은 수국이 되어 용신인 戊토가 무너지므로 불길하다.

삼각산인 해설

寅월의 甲목은 아직 겨울이므로 戊토로 덮어주고 丙화로 따뜻하게 해주어야 한다. 이 사주는 寅月에 수기를 공급하는 원칙은 충족되었으나 丙화가 투간하지 못해, 한기를 다스리지 못했다. 따라서 丙화가 없어 관직에 나가는 정도의 귀기가 부족하다.

癸卯운 조실부모

寅월 태어난 甲목이므로 월상의 寅목 록신은 어머니로 볼 수 있다. 寅중에서 戊토가 투간했으므로 시상의 戊토는 어머니를 대변한다. 甲목의 편재는 戊토, 곧 아버지이다. 부모궁인 월지 寅중에서 시상으로 투간했으므로 아버지를 대변한다. 癸卯대운중 戊癸 합거하므로 15세 전 부모를 모두 잃는 상황이 나타나 있다.

乙巳대운부터 성공

입춘과 우수 사이에 태어났으므로 아직 초춘의 한기가 가시지 않았다. 이 시기는 초춘이라고 불리우는데 초춘은 丙화의 조후가 각별히 필요한 때인데, 천간에 丙화가 투간하지 않은 것이 병이다. 乙巳대운부터 남방운이 시작되어 丙午 丁未운에 유병득약(有病得藥)하여 재물을 축적했다.

관직에 나가지 못한 이유

도계선생은 관직에 나가지 못한 것은 "화가 너무 약한 가운데 壬수가 투출했고, 일점의 금기(관성)가 없기 때문이다"라고 쓰셨다. 세밀히 해석한다면 甲목의 관성은 金인데 초춘의 목은 새순과 같아서 금기를 필요로 하지 않고, 반대로 금기를 제어하고 추위를 극복해줄 丙화를 매우 필요로 한다. 그런데 이 사주는 丙화가 투간하지 않고 오히려 천간에 壬수가 두 개나 자리를 잡고 있으므로 사주의 병이 되고 있다. 따라서 원국에 흠결 때문에 귀기를 갖추지 못했다. 관직에 나가는 경우는 관성과 일간이 갖는 관계가 좋아야 하는데, 이 사주는 관성을 갖추지 못했을 뿐만 아니라 관성이 기신(忌神)이므로 관직에 나가지 못한다. 대개의 경우 봄에 태어난 목이 수기를 보아 활목(活木)이 되면, 금기를 꺼리는 경향이 있다.

은행가 사주

```
戊 丙 壬 戊
戌 申 戌 寅   乾 사주첩경 3번
己 戊 丁 丙 乙 甲 癸
巳 辰 卯 寅 丑 子 亥
```

추명가 81 사주중에 재관합은 금융재정 출세하고

삼각산인 해설

戌월 丙화가 火土로 세력을 이루었습니다. 좌하 申중에 뿌리를 둔 壬수가 火土의 세력에 의해 통제되고 있습니다. 戌월은 화기를 마감하는 계절이므로 수기가 많으면 오히려 좋지 않은데 조토(燥土)가 세력을 이룬 중에 戊토가 투간하여 월상 칠살(七殺)을 식상으로 제어하고 있는 형국입니다. 식상으로 관을 통제했으므로 지위와 재물을 다스려 부귀 겸전하는 모습을 지니고 있습니다. 좌하 申금 역시 寅申沖으로 제압되었다.

*금융업에 종사한 이유

寅申상충은 역마살의 상충이니 국제적으로 활동합니다. 금융업에 종사하는 것은 丙화가 월시에 위치한 戊고에 숨어있는 辛금 정재를 비출(飛出)자로 취해서 쓰고 있는 것에 연유합니다. 비겁고인 戊고에 있는 정재를 사용하므로 사업가가 아니라 직장인임을 추론할 수 있고, 창고의 재성을 취하므로 금융업의 상입니다.

● **부모관계**

아버지는 좌하 申중에 庚금입니다. 아버지의 성을 申중 庚金으로 본다면 申중에서 壬수가 투출하였는데. 월상 壬수는 부모궁에 위치하므로 아버지를 의미하게 됩니다. 壬수는 월시에 복음으로 위치한 戊중 丁화와 합하므로 아버지도 다혼한 사람임을 알 수 있습니다.

어머니는 년지 寅木 인성으로 추정해 볼 수 있습니다. 寅戌회국하여 부모궁과 관련을 가지므로 확정할 수 있습니다. 그런데 寅목은 좌하의 申금 아버지성과 상충하므로 부모님은 싸움이 많거나 별

거한 사람으로 생각할 수 있습니다.

● 혼인관계

좌하 申금은 배우자궁에 재성을 두었으므로 정상 배우자라고 판단할 수 있습니다. 그러나 좌하 申金은 戊寅 년주로 보았을 때 空亡에 해당하므로 부부금슬이 그다지 좋다고 할 수 없습니다.

월일의 戊申사이에 酉금이 허신으로 존재하는데 허자로 불러온 酉금이 丙화의 천을귀인에 해당하므로 좋은 여성과 인연이 될 수 있습니다. 월시의 戊중에 辛금 편재를 두었고, 丙화와 합하므로 戊중 辛금은 소실이라고 할 수 있다. 좌하의 申금을 방치하고 戊중의 辛금과 합하므로 본처보다는 소실에게 정이 깊다고 할 수 있습니다.

● 자식관계

丙화의 칠살인 壬수가 당연히 자녀성이 됩니다. 壬수는 배우자궁인 좌하 申금의 식상에 해당하므로 당연히 아들입니다. 그런데 壬수는 월시의 戊중 丁火와 丁壬합으로 연관을 가지고 있습니다. 따라서 壬수는 戊중에 위치한 소실 辛금재성의 상관이기도 하므로 소실에게서도 아들을 낳았다는 것을 알 수 있습니다.

사주첩경 해설

火土食神 心廣體胖 화토식신 심광체반
병화가 무토 식신을 놓아 몸을 살찌고 마음은 넓도다

日坐天馬 偏踏東西 일좌천마 편답동서
생일에 역마성을 놓았으니 동서양 땅을 밟아본다

財星驛馬 國際戀愛 재성역마 국제연애
역마에 재성이 임하였으니 국제연애 있어본다

財孕壬殺 混血得子 재잉임살 혼혈득자
신금재가 임을 품고 있으니 국제연애에 혼혈아가 생긴다

一身論之 心腸視弱 일신론지 심장시약
몸을 론하니 화가 심히 약하여 심장과 눈 시력이 퍽 약하다

馬逢三刑 舟車愼之 마봉삼형 주차신지
역마가 삼형살을 만났으니 차와 배타는 것을 주의하라

制殺太過 庶出子女 제살태과 서출자녀
관살이 너무 제를 당하여 소실의 몸에서 자녀를 낳는다

食神自旺 孫子富貴 식신자왕 손자부귀
식신이 매우 왕기를 띠었으니 그의 손자 대부대귀 하리라

日柱逢刑 難免手術 일주봉형 난면수술
생일신금이 인형을 만나 몸에 수술 한번 있어본다

比肩劫合 異腹兄弟 비견겁합 이복형제
비견겁이 신술술로 합하니 배다른 동기 있도다

財官三合 財政之官 재관삼합 재정지관
임술관과 신금재가 합하였으니 은행가나 재정가 팔자로다

驛馬財合 外貨獲得 역마재합 외화획득
역마신금재가 일주에 있으니 외화획득이나 외환은행 있어본다

[비 교 사 주]

己 庚 丙 丁
卯 午 午 卯   乾 4 적천수 보주
己 庚 辛 壬 癸 甲 乙
亥 子 丑 寅 卯 辰 巳

적천수 보주 해설

庚金이 午月에 生하여 패지(敗地)에 임(臨)하고, 천간의 丙丁과 지지卯午의 극제가 태심(太甚)하다. 반드시 午中 己土로 용신을 삼아 화금상전(火金相戰)을 통관시켜야 한다. 이 사주는 수기(水氣)가 없어서 편고(偏枯)한 경향이 있으므로, 비록 명예는 훌륭하나 일생이 순탄치 않았다. 대운이 금수지지를 기뻐하므로 辛丑, 庚子 20년에 상계(商界)의 유명인이 되었다.

삼각산인 해설

午월 庚금이 조열하여 수기가 부족하다. 수운에 庚금을 익히므로 유병득약하여 발전한다. 庚금은 돈을 의미하므로 금융계 인사가 된다.

의사 사주

丙 甲 丙 壬
寅 申 午 子 _乾 사주첩경 61번

추명가 113 갑신일생 봉인사는 의업지업 분명하다

삼각산인 해설
午월에 태어난 甲목이 丙화식상을 보아 목화상관이 됩니다. 구결에 이르기를, 목화상관은 수기를 기뻐한다(木火傷官 喜見水)고 했으므로 년상의 壬수 인성은 수기를 공급하는 조후의 길신입니다. 이른바 상관패인(傷官佩印)입니다.

● 부모관계

년간의 壬수가 길신이므로 좋은 가문에서 태어났다고 추론해 볼 수 있습니다. 그런데 년월이 천극지충하고 있으므로 뭔가 흠결이 있었을 것으로 보입니다. 사주첩경에는 부모관계에 대한 언급이 없으므로 부모관계를 확인할 수 없는게 아쉽습니다.

● 혼인관계

甲목의 처성은 戊己토인데, 월지 午화와 시지 寅중에 들어 있습니다. 자세히 보면 甲목이 시지 寅목에 귀록해 있는데, 寅午가 회국하고 있습니다. 녹신과 합한 것은 처로 볼 수 있으므로 午중에서 투출한 丙화를 처로 볼 수 있습니다. 그런데 丙화가 월상에도 투간하고 시상에도 투간해 있습니다. 따라서 중혼지명입니다.

첫 번째 처인 월상 丙화는 년상의 壬수와 충하므로 헤어지게 되고, 두 번째 처인 시상 丙화는 일시상충하므로 인연이 갈리게 됩니다. 이석영 선생은 '세군데서 살림한다'고 기록했습니다.

● 자손관계

자식성은 뚜렷하게 잘 보이지 않습니다. 그런데 丙화가 처성이라는 점을 토대로 살펴보면, 처의 식상은 자식이 되므로 寅중 戊토,

午중 己土가 자식이라고 추정할 수 있습니다. 따라서 자손은 2명으로 추론해 볼 수 있습니다.

*의사인 이유?

의사 사주는 대게 목화통명이나 금수쌍청한 사주에서 발견되는 경향이 있습니다. 그중에서도 여름에 태어나 丙화와 庚금이 적절히 균형을 이룬 사주에서 많습니다.

사주첩경 해설

子午寅申 各各相沖 자오인신 각각상충
연월일시가 자오인신으로 각각 상충살로 되어 있다

世術相沖 莫言凶斷 세술상충 막언흉단
세상술객들이시여 상충을 흉하다고 언단을 내리지 마소

子申寅午 沖中逢合 자신인오 충중봉합
자신인오가 돌려 돌려 충중에서 합이 되는 것이다

兩丙寅午 天地滿火 양병인오 천지만화
두 병화가 지지에 화국되어 천지가 화로서 열이 꽉 찼다

日主漏泄 甲賴水坐 일주누설 갑뢰수좌
갑목이 심히 설기되어 임자수에 의뢰하여 생한다

傷官用印 富貴之客 상관용인 부귀지객
상관용인이라 하여 크게 부귀가 되는 것이다

日時相沖 妻宮不美 일시상충 처궁불미
일시가 충하여 처궁이 불미하다

東西別離 掛冠三房 동서별리 괘관삼방
동으로 서로 갈리어서 삼방에 관을 걸어본다

夏月甲日 寅申有刑 하월갑일 인신유형
오월의 갑일생이 신일 인시로 형을 이루었다

如此之人 仁術執刀 여차지인 인술집도
이렇게 놓인 사람은 인술로써 집도를 한다

午月甲日 又好教育 오월갑일 우호교육
여름 오월의 갑일생은 또 교육계에 적호하다

醫大教授 活人之教 의대교수 활인지교
의과대학 교수로써 활인지법을 가르친다

[비교사주]

戊 甲 乙 癸
辰 午 卯 卯 坤 10 명리요강

壬 辛 庚 己 戊 丁 丙
戌 酉 申 未 午 巳 辰

명리요강 해설
甲일주가 목왕지절에 태어나 비겁이 중하니 일주가 태왕하다. 일점의 관성이 없는 가운데 午화가 왕목을 설기한다. 그러나 천간에 丙丁화가 투출하지 못하므로 대격이 아니다. 초년 화운에 귀하게 생장하였고, 丁운중에 약한 화를 도와 의사에게 출가했다. 戊午己운까지 집안이 발전했다. 未운에 왕목이 입묘하므로 남편이 관재를 당했고 재산의 손해도 많았다. 庚申운부터 왕목을 제어하여 생화하므로 재왕하고 酉운은 양인을 충하므로 불길한 듯 하지만 역시 왕목을 제어하여 길하다. 壬운 壬子년에 용신 午를 충거하여 거세했다.

삼각산인 해설
甲일주가 목왕지절에 태어났다. 卯월에 乙목이 시지 午화를 만나 왕목을 설기한다. 卯월은 乙목이 丙화와 癸수를 만나 생장하는 계절인데, 년상의 癸수가 辰중에 뿌리를 두어 수기를 공급하고 午화가 왕목을 설하는 구조이다. 그러나 천간에 丙丁화가 투출하지 못하므로 대격이 못되며, 목화왕국에 수기가 부족한 것이 아쉽다. 춘절의 乙목은 丙癸로 수화기제(水火旣濟)를 이루는 것이 중요하다.

丁운에 의사에게 출가

관성이 없으므로 남편이 없다고 판단하면 안된다. 甲목은 己토와 합하므로 배우자궁인 午중의 己토가 배우자가 된다. 일간과 합하는 것은 배우자로 추정할 수 있다. 丁巳대운 좌하 배우자궁에서 丁화가 투출하여 응하므로 의사에게 출가했다.

未대운 남편이 관재를 당함

己未운에 왕목이 입묘함과 동시에 己未가 일간 甲午와 합반하므로 배우자에게 불길하다. 이때 남편이 관재를 당했고 재산의 손해도 많았다.

庚申운부터 발달

수기가 부족한 가운데 금생수로 수기를 공급하니 더욱 발전한다. 기본적으로 목왕지국이므로 시상편재를 사용할 수 있다. 戊토는 원국의 연한상 40대 중반에 본격적으로 작동하므로 그때부터 재물운이 좋아진다. 또 하나의 이유는 庚申금이 乙목 비겁을 乙庚합, 乙辛충으로 제어하는 것도 한 몫 한다. 甲목이 누려야할 戊토 재성을 乙목이 넘겨 보는 것이 흠인데, 庚申,辛酉운에 비겁을 제거하므로 일간에게 공이 돌아가게 된다.

壬운 壬子년에 사망

壬戌대운은 시주 戊辰과 천극지충을 이루고 있다. 시주의 연한에 해당하는 60세 이후 천극지충이므로 중대한 변화가 있음을 예시할 뿐만 아니라 癸수의 뿌리인 戊辰시주가 동요하므로 불길하다. 壬子년이 되면 대운의 천간 壬수가 세운 壬子와 응하고, 癸수가 壬子에 귀록하여 午화 식상을 충하므로 동요한다. 午화상관은 왕목을 설하는 수명성인데 壬운 子년에 수명성을 충하므로 목숨을 다했다고 추론해 볼 수 있다. 상관파료손수원(傷官破了損壽元: 상관이 파괴되면 수명이 상한다)이란 구결에 해당한다.

외국에서 출세하는 여인

辛 丁 丁 丁
亥 未 未 丑 坤命 사주첩경 89번

추명가 80 역마관재 인수자는 국제기관 등명하고

삼각산인 해설
일반적인 명리이론으로는 격국의 크기를 평가하기가 쉽지 않습니다. 未월은 庚금을 익히는 계절인데 庚금이 없으므로 일견 그릇이 커 보이지 않습니다. 이 사주는 화토가 체를 이루어 금수를 제압하고자 하는 의향을 가지고 있습니다.

丁未일주는 未토가 丁화의 반록지이므로 기본적으로 화토가 체가 되어서 금수재관을 사용하는 경향이 있습니다. 丑중의 辛금이 시간으로 투출해서 亥수를 생하는데, 관성 亥수를 또 다시 亥未합으로 취하고 있습니다. 또한 丑未충으로 辛금을 제어하는 모습도 있습니다. 재관을 모두 통제하고 있으므로 그릇이 커집니다. 식상인 未토로 관성을 끌어 왔으므로 식상이 관성을 다스리므로 공직자입니다. 다만 亥수를 제어하는 방식이 강하지 않으므로 고위 공직자는 아닙니다.

● 부모관계

어머니는 연월의 녹신인 丁화입니다. 아버지는 편재성 辛금입니다. 자칫 丁화가 많아서 어머니가 여럿이라고 볼 수 있는데, 丁화는 未중에서 나와 동근이지(同根異枝)를 이루고 있으므로 한명입니다. 丑未충으로 아버지와 인연이 엷습니다. 이 사주의 경우는 일찍 부모를 떠나서 외국으로 시집가서 사는 것으로 구현되었습니다.

● 혼인관계

사주 원국의 관성은 년지 丑중의 癸수와 시지 亥중 壬수가 있습니다. 년지 丑토는 丑未충해서 깨어져 있으므로 남편으로 보기는 어려울 것 같고, 시지 亥수는 亥未합으로 일지 배우자궁으로 들어오므로 남편으로 확정할 수 있습니다. 亥수 관성을 남편과 직업으로 쓰고 있으므로 남편도 유력한 사람이었을 것으로 추정합니다.

● **자식관계**

여명의 자식성은 식상입니다. 자손을 볼 때에는 관성과 식상의 관계를 보는 것이 중요한데, 亥未합으로 식상과 관성이 합하고 있으므로 남편과 아이의 관계도 매우 좋다고 할 수 있습니다. 이석영 선생은 관성 亥수가 식상과 합하는 모습을 보고 혼전 임신을 언급하고 있는데, 그런 방식도 좋지만 남편과 연애 결혼하는 모습, 아이와의 관계가 매우 좋은 편이란 것을 추정하는 것이 더 좋을 거 같습니다. 년지 丑토에서 辛금이 시간으로 투출하여 관성과 동주하므로 丑토 역시 자식으로 볼 수 있으므로 아들 3명을 낳았을 것으로 추정합니다.

사주첩경 해설

出生何處 居住何處 출생하처 거주하처
그대의 출생한 곳 거주하는 곳 어디인가

生於槿域 居於異國 생어근역 거어이국
출생은 무궁화 땅이요 사는 곳은 이국땅이다

由何知之 時逢驛馬 유하지지 시봉역마
무엇으로 그것을 아는가 시간에 역마 있음으로 안다

兩未之中 乙丁相生 양미지중 을정상생
월일에 놓인 두 미중에 을목과 정화가 상생하고 있다

泄而不弱 能用亥官 설이불약 능용해관
정화가 약하지 않으니 능히 해수관을 쓸수 있다

驛馬官印 國際爵祿 역마관인 국제작록
해수역마가 관인이 있어 국제록을 먹어 보아야 한다

丁通臨官 驛馬再臨 정통임관 역마재임
정이 통하는 壬水에 다시 역마가 임하였다

國際結婚 十中八九 국제결혼 십중팔구
그러므로 국제결혼 십에 팔구는 확실하다

若不其然 海外出家 약불기연 해외출가
그렇지 않으면 해외교포와 결혼한다

生日陰錯 外叔衰沒 생일음착 외숙쇠몰
생일에 음착살 놓아 외삼촌이 매우 쇠몰하다

日主官合 自由結婚 일주관합 자유결혼
일주가 직접 관과 합하여 자유결혼이 틀림없다

官食合身 禮前孕胎 관식합신 예전잉태
관과 식신이 일주와 합하여 식 올리기 전에 애기 밴다

신윤복, 풍속화첩 - 국립중앙박물관

> 부부의 인연은 전생에서 온다.
>
> 『적천수』
>
> 夫妻因緣宿世來

Part. II

도계실관 해설
역문관 인연법

[역문관 인연법 구결]

귀록인연법

길신이 투간하면 녹왕지를 찾아 인연한다.(길신득록:吉神歸祿)
배우자성이 투간하면 녹왕지로 인연한다.(배성귀록:配星歸祿)
일간의 녹신과 합하면 인연한다.(녹지상합:祿地相合)
일주가 근이 없으면 녹왕지를 찾아 인연한다.(일주귀록:日柱歸祿)

투간인연법

길신투간하여 인연한다.(길신투간:吉神透干)
배우자궁에서 투간하여 인연한다.(좌하투간:坐下透干)
배우자성이 투간하여 인연한다.(배성투간:配星透干)

칠살인연법

칠살이 득세하면 통관으로 인연한다.(칠살통관:七殺通關)
관살이 태왕하면 식신제살로 인연한다.(제살정배:制殺定配)
양인 합살로 인연한다.(양인합살:羊印合殺)

합충인연법

복음이 있으면 합충으로 인연한다.(복음합충:伏吟合沖)
배우자성과 합하여 인연한다.(합신정배:合神定配)
배우자궁과 합하여 인연한다.(좌하합신:坐下合神)
배우자성이나 배우자궁이 합반되면 충하여 인연한다.
(배성합반:配星合絆)
탐합망충으로 인연한다.(탐합망충:貪合忘沖)

허자인연법

배우자성이 없으면 비합자로 인연한다.(비합위연:飛合爲緣)
천을귀인이 하나면 또 하나를 불러들여 인연한다.
(귀인독행:貴人獨行)
삼형일허면 허자로 인연한다.(삼형일허:三刑一虛)
삼합일허면 허자로 인연한다.(삼합일허:三合一虛)

희신인연법

甲목이 조열하면 화치승룡으로 인연한다.(화치승룡:火熾乘龍)
乙목은 등라계갑으로 인연한다.(등라계갑:藤蘿繫甲)
丁화는 여유적모로 인연한다.(여유적모:如有嫡母)
甲목과 己토는 양토육목으로 인연한다.(양토육목:壤土育木)
庚금과 丁화는 화련진금으로 인연한다.(화련진금:火煉眞金)
辛금일주는 도세주옥으로 인연한다.(도세주옥:淘洗珠玉)
壬癸수는 의설하니 甲乙목으로 인연한다.(왕수의설:旺水宜泄)
수다목부하니 戊토로 제방을 삼는다.(수다목부:水多木浮)

기타

년시근접하면 생시로 인연한다.(년시근접:年時近接)
조후선요로 인연한다.(조후선요:調候先要)
설하는 글자가 없으면 식상으로 인연한다.(급신이지:及身而止)
기신합거로 인연한다.(기신합거:忌神合去)
배우자성이 입고하면 개고하여 인연한다. (개고정배:開庫定配)

제 1 부
귀록인연법

길신이 투간하면 녹왕지를 찾아 인연한다
吉神歸祿

```
壬 甲 丁 戊
申 申 巳 申  乾 8
```

도계실관 해설
반드시 좋은 배필을 만난다. 돼지띠, 쥐띠가 가장 좋다.
(必逢良配 亥子生 最吉)

삼각산인 해설
巳월 甲목이 지지에 申금이 중합니다. 칠살이 세력을 이루었으나 시지 壬수가 투간하여 살인상생을 이룹니다. 壬수가 왕금을 통관하므로 공직자의 길을 걷게 됩니다. 시간에 투출한 壬水가 왕금을 대표하는 중에 일원이 丁壬합으로 申금에서 투출된 壬수를 취하는 모습이 매우 좋아 보입니다. 천간의 모습도 甲丁戊가 투간하여 유신유화유로(有薪有火有爐 : 甲丁戊)를 이루니 고위직입니다.

화왕지절에 丁화가 득령하고 시상 壬수는 월령 丁화를 제어하는 상신(相神)의 역할이자 왕한 금을 통관, 살인상생하는 역할을 합니다. 甲丁庚이 만나 화련진금(火煉眞金)의 구조를 완성하기 위해 庚生을 배필로 맞을 수도 있으나 이 사주는 화련진금이 일어나는 계절이 아닐 뿐만 아니라 금왕(金旺)하므로 庚금을 배필로 취하지 않습니다.

甲목 일원이 무근하므로 寅卯生을 인연할 수도 있으나 나이 차이가 5살 이상이므로 배우자로 적당하지 않습니다. 따라서 壬수의 녹왕지인 辛亥, 壬子生을 배필로 맞이하게 됩니다.

● 辛亥生과의 인연구결
吉神歸祿 길신이 투간하면 녹왕지를 찾아 인연한다.

● 壬子生과의 인연구결
吉神歸祿 길신이 투간하면 녹왕지를 찾아 인연한다.
七殺通關 칠살이 득세하면 통관으로 인연한다.

*화련진금(火鍊眞金)

丁火가 庚金을 만나면 철을 丁火로 제련하는 형국으로 발전과 성공을 이룬다. 주로 가을에 해당한다. 甲庚丁의 구조를 이루면 더욱 좋다.

*유신유화유로(有薪有火有爐 : 甲丁戊)

장작(甲)이 불(丁)을 만나 굴뚝(戊)에서 잘 타오르는 형국

```
癸  丙  癸  壬
巳  午  卯  寅   乾9
```

도계실관 해설

늦게 결혼해야 좋다. 돼지띠와 소띠가 길하다.
(晚婚則吉 亥丑生吉)

삼각산인 해설

卯월 丙화가 중춘지절(仲春之節)에 좌하양인(坐下羊刃)을 얻었으니 만혼이 길합니다. 좌하양인은 처궁이 불리하므로 결혼이 늦어지게 됩니다. 천간에 壬癸가 투하여 관살혼잡(官殺混雜)이니 기술방면이 좋습니다.

목화가 힘을 얻어 만물이 싹을 틔우는 계절이므로 수(水)가 공급

되어야 하므로 壬癸의 록왕(祿旺)지인 亥丑生으로 인연합니다. 9살 아래 辛亥生은 일원 丙화와 丙辛합하고 壬癸의 녹왕지가 되는 좋은 인연입니다. 癸丑生은 丙화의 녹지인 巳화와 巳丑합하여 금국을 이루므로 또한 좋습니다. 녹신과 합하는 것 또한 인연이기 때문입니다. 壬子生은 좌하양인을 충하므로 인연이 되지 않습니다. 또한 丑토는 癸수의 반록지로 壬癸의 근이 되어 줍니다.

● 辛亥生 인연구결

吉神歸祿 길신이 투간하면 녹왕지를 찾아 인연한다.
飛合爲緣 배우자성이 없으면 비합자로 인연한다.

● 癸丑生 인연구결

吉神歸祿 길신이 투간하면 녹왕지를 찾아 인연한다.
祿地相合 일간의 녹신과 합하면 인연한다.

일주가 무근하면 녹왕지로 인연한다
日柱歸祿

```
壬 甲 癸 庚
申 午 未 戌 乾 8
```

도계실관 해설
폭염중의 나무가 습함을 만나니 영화로우리라. 호랑이띠, 토끼띠 중에 짝을 골라야 한다.(夏炎之木 逢潤而榮 寅卯生女 擇配最吉)

삼각산인 해설
未월중에 태어난 甲목이 壬癸수를 만나 조열함을 다스립니다. 여름의 甲목은 금의 조력을 얻은 수로 조후하면 길합니다. 그러나

甲목 일원이 지지에 근을 내리지 못하니 寅卯生을 만나 배우자로 삼습니다. 甲목은 未중에 통근하려 하나 午未가 상합하고 戌未가 相刑하니 뿌리를 내리기 어렵습니다. 또한 지지가 午戌회국하니 三合중에 빠진 寅을 불러들여 4살아래 호랑이띠 甲寅生이 배우자 인연이 됩니다.

甲목의 정재 배우자성은 己토로 월지 未중에 암장되었는데, 卯목이 오면 재성과 卯未 회국함과 동시에 무근한 일원의 근이 되므로 또한 좋은 인연입니다. 5살 아래 乙卯生을 인연으로 취합니다.

● **甲寅生 인연구결**
日柱歸祿 일주가 근이 없으면 녹지를 찾아 인연한다.
三合一虛 삼합일허면 허자로 인연한다.

● **乙卯生 인연구결**
日柱歸祿 일주가 근이 없으면 녹지를 찾아 인연한다.
合神定配 배우자성과 합하여 인연한다.

```
辛 己 戊 乙
未 亥 寅 丑  乾2
```

도계실관 해설
호랑이띠, 말띠로 배우자를 고르라.
(弱土反旺 可成富局 寅午生中擇配吉)

삼각산인 해설
초춘지절에 乙목이 월령을 얻어 목왕지국(木旺之局)을 이루었습니다. 입춘지중에 태어나 아직 한기가 가시지 않았으므로 丙화가 조후함과 더불어 일원을 생부하는 역할을 합니다. 따라서 寅중에 암장된 丙화를 길신으로 삼습니다. 1살 아래 丙寅생은 寅중에 암장된 丙화가 천간으로 투한 것이니 좋은 인연이 됩니다.

 己토가 지지 丑未土에 통근하였으나 연지 丑土는 寅丑이 암합한 가운데 너무 멀고, 일지 亥수는 亥未가 회국하여 근이 되어 주기에 약합니다. 따라서 己토의 正祿지인 말띠 庚午생을 인연으로 불러 들여 일원을 생부(生扶)하는 작용을 하게 됩니다.

● **丙寅生 인연구결**
吉神透干 길신투간하여 인연한다.

● **庚午生 인연구결**
日柱歸祿 일주가 근이 없으면 녹왕지를 찾아 인연한다.

배우자성이 투간하면 녹왕지로 인연한다
配星歸祿

```
壬  己  甲  乙
申  亥  申  巳  坤 6
```

도계실관 해설
금수목이 서로 상생하니 영화로우리라. 호랑이띠와 토끼띠로 배우자를 정하면 가장 길하다.(金水木三象 轉生而榮 寅卯生中 擇君最吉)

삼각산인 해설
음간은 반드시 관성과 합하게 되니 여명 음일간은 합하는 관성을 반드시 배우자로 취하게 됩니다. 己亥일주 여명은 좌하 亥수중에 투간 일간과 합하는 甲목을 남편으로 판단합니다. 甲목이 申월에 태어나 비록 절지이나 申중에 장생한 壬수가 시간에 투하여 甲목을 생조하니 이른바 절처봉생(絶處奉生)입니다.

이에 甲목의 녹지인 壬寅生 호랑이띠를 인연으로 취합니다. 또한 좌하 해수 배우자궁과 상합하므로 좋은 인연입니다. 癸卯生 토끼띠는 역시 甲목의 왕지이며 좌하 亥수와 亥卯목국을 이루므로 壬寅生보다는 못하지만 인연으로 올 수 있습니다.

● **壬寅生 인연구결**
配星歸祿　배우자성이 투간하면 녹왕지로 인연한다.
坐下合神　배우자궁과 합하여 인연한다.

● **癸卯生 인연구결**
配星歸祿　배우자성이 투간하면 녹왕지로 인연한다.
坐下合神　배우자궁과 합하여 인연한다.

제 2 부
투간인연법

길신투간하여 인연한다
吉神透干

```
戊  乙  癸  壬
寅  丑  丑  辰  乾 7
```

도계실관 해설
춥고 어두운 가운데 밝고 따뜻한 기운을 얻지 못했다. 말띠, 원숭이띠를 배우자로 택함이 길하다. 아니면 봄, 여름 생으로 택하라.
(寒局之中 不得明大 午申生擇配 不然春夏生)

삼각산인 해설
추운 겨울에 태어난 乙목이 丙丁화를 만나지 못하므로 추위가 가

시지 않았습니다. 따라서 시지 寅목에 암장된 丙화를 사용해야 길합니다. 2살 아래 甲午生 말띠는 시지 寅목과 寅午회국하여 화기를 이끌어 내므로 인연합니다. 乙목일주는 등라계갑(藤蘿繫甲)으로 甲年生과 좋은 인연입니다.

겨울의 추위는 丙화로 따뜻하게 하고 戊토로 보온하는 것이 조후의 정론입니다. 원국에 戊토만 있고 丙화를 만나지 못한 것이 흠이 됩니다. 따라서 시지 寅목의 지장간에 암장된 丙화가 천간으로 투간하여 4살 아래 丙申生으로 좋은 배필을 삼습니다.

● **甲午生 인연구결**

藤蘿繫甲 乙목은 등라계갑으로 인연한다.
調候先要 조후선요로 인연한다.

● **丙申生 인연구결**

吉神透干 길신투간하여 인연한다.
調候先要 조후선요로 인연한다.

배우자궁에서 투간하여 인연한다
坐下透干

```
癸 庚 庚 癸
未 戌 申 卯 乾9
```

도계실관 해설
금은 화를 만나 제련되어야 그릇을 이루게 된다. 뱀띠, 말띠, 양띠 중에 짝을 고르면 길하다.(金逢火煉 成器其必 巳午未生 擇配最吉)

삼각산인 해설
申월은 금화교역을 이루어 庚금을 다스리는 계절입니다. 원국에

丙丁화가 투간하지 못했으니 대격을 이루지 못했습니다. 乙巳生은 庚금의 정재인 乙목이 연상의 묘목에서 투간하여 일원 庚금과 상합하며, 巳화가 庚금의 녹지인 申금과도 합하므로 배우자로 인연할 수 있습니다. 丙午生은 丙庚이 만나 庚금을 익혀 성숙하게 하고, 나아가 좌하 戌토와 午戌회국하므로 인연합니다. 좌하 戌중에 丁화가 있으니 천간으로 투간하는 4살 아래 丁未生도 좋은 배필이 될 것입니다.

● 乙巳生 인연구결
配星透干 배우자성이 투간하여 인연이 된다.
祿地相合 일간의 녹신과 합하면 인연한다.

● 丙午生 인연구결
坐下合神 배우자궁과 합하여 인연한다.

● 丁未生 인연구결
坐下透干 배우자궁에서 투간하여 인연한다.
火煉眞金 庚금과 丁화는 화련진금으로 인연한다.

```
壬 癸 庚 丁
戌 未 戌 酉  坤1
```

도계실관 해설
말띠, 양띠 중에서 남편을 택함이 가장 길하다.
(午未生 擇君最吉)

삼각산인 해설
戌월 癸수가 지지에 삼토를 깔고 丁화가 투출하니 지나치게 조열합니다. 다행히 인수와 겁재가 투출하여 조절하고 있습니다. 癸수의 배우자궁 未토에서 丁화가 투간하였으니 丁화의 녹지(歸祿)인 午화 말띠와 인연합니다. 3살 위의 甲午生은 벽갑인정(擘甲引丁)하는 甲庚丁 구조를 이룰 뿐만 아니라 배우자궁에 위치한 未와 午가 午未합하므로 좋은 인연이 됩니다.

2살 위의 乙未生은 배우자궁에서 乙목이 투간하여 인연으로 취합니다. 배우자궁에 암장된 글자 중 하나를 인연으로 삼기 때문입니다. 암장된 천간이 원국에서 천간으로 투간했다면 투출한 천간의 귀록지가 인연하고, 원국에 투간하지 않았다면 그 자체가 인연이 되어 오는 경우가 많습니다. 예를 들어 위의 명조 癸未일주의 미중에는 丁乙己가 암장되어 있는데, 그중 丁화가 월상에 투간해 있으므로 丁화의 녹지인 午 말띠가 인연이 됩니다. 未중 乙은 투간하지 않았으므로 그 자체가 인연으로 작용, 乙未生을 인연으로 불러오게 되는 것입니다. 己는 2살 아래의 己亥生 혹은 8살 아래의 己丑生을 불러 올 수 있으나 나이 차이가 너무 많거나 연하이므로 배우자로 인연하기 어렵습니다.

● **甲午生 인연구결**

坐下合神 배우자궁과 합하여 인연한다.

● **乙未生 인연구결**

坐下透干 배우자궁에서 투간하여 인연한다.
旺水宜泄 壬癸수는 의설하니 甲乙목으로 인연한다.

辛 癸 丁 庚
酉 巳 亥 戌 坤1

도계실관 해설
봄여름에 태어난 사람 중에 남편을 택하면 길하다. 말띠 남자 역시 길하다.(春夏生男 擇君最吉 午生男亦吉)

삼각산인 해설
겨울에 태어난 癸수가 월령을 얻어 왕합니다. 巳戌중에 뿌리를 둔 丁화가 투간하여 한기를 제거하니 길합니다. 癸수의 남편은 좌하 巳중에 암장된 戊토인데 巳亥가 상충한 것이 흠이나 마침 酉시를 만나 巳酉회국하니 충중봉합으로 다행입니다. 배우자궁인 巳화에서 丙화가 투출하여 인연하니 4살 위 丙午生을 남편으로 인연합니다.

● 丙午生 인연구결

坐下透干 배우자궁에서 투간하여 인연한다.

丁　庚　庚　辛
亥　子　子　丑 　乾9

도계실관 해설
물속에 잠긴 금이 동류를 만나 왕성하다. 호랑이띠, 토끼띠, 용띠로 인연을 구하면 더욱 길하다.(沈水之金 逢類而旺 寅卯辰生 擇配尤吉)

삼각산인 해설
겨울의 금이 비겁(比劫)이 중중한 가운데 亥子丑 방합을 이루었으니 금수의 세력이 강왕합니다. 丁화가 시간에 고투하여 한기를 조후하고 庚금을 제련하니 귀격을 이룹니다. 시간에 희신을 두었으므로 자식이 영화로울 것입니다.

丁화는 甲목과 짝을 이루어 甲庚丁의 구조를 이루면 화련진금(火煉眞金)의 대격이 됩니다. 또한 왕한 자는 반드시 설하는 것으로 용을 삼는 것이 명리의 대강이므로, 금수왕국(金水旺局)을 목기로 설하는 寅卯辰생으로 인연을 취합니다.

壬寅生과 癸卯生은 모두 배우자궁 子로부터 壬癸가 투출했으므로 인연으로 삼습니다. 3살 아래 甲辰生은 천간에 甲목이 투간, 甲庚丁의 구조를 이룰 뿐만 아니라 월일에 복음으로 출현한 庚금과 甲庚충하므로 인연으로 취합니다. 또한 子辰회국 하므로 더욱 깊은 인연이 될 것입니다.

● **壬寅生/ 癸卯生 인연구결**
坐下透干　배우자궁에서 투간하여 인연한다.

● **甲辰生 인연구결**
伏吟合沖　복음이 있으면 합충으로 인연한다.
坐下合神　배우자궁과 합하여 인연한다.

배우자성이 투간하여 인연한다
配星透干

```
丙  辛  癸  壬
申  酉  丑  寅  乾 6
```

도계실관 해설

辛금일주가 壬수를 만나니 따뜻함을 기뻐한다. 용띠, 뱀띠와 인연하면 길하다.(洗塵珠玉 又喜溫暖 辰巳生 擇配吉)

삼각산인 해설

辛금이 추운 겨울에 태어나 酉丑이 회국하고 壬癸가 천간에 투간했으니 금수왕국(金水旺局)을 이루었습니다. 시상에 투간한 丙화가 한기를 조절하는 희신입니다. 자손궁에 희신을 두었으니 아들이 발달할 것입니다.

배우자성인 재성이 투출하지 못하고 寅목중에 암장되었으므로 寅중에서 투출한 甲목을 쫓아 甲辰生과 인연됩니다. 甲辰生은 좌하 酉金과 辰酉합하므로 배필로 맞아 들이게 됩니다.

이 사주의 원국에서는 丙화가 가장 중요한 역할을 담당하고 있습니다. 따라서 丙화의 귀록지인 巳화 뱀띠 乙巳生과 인연합니다. 뱀띠는 巳酉丑 삼합중 원국에 나타나지 않은 글자이며(三合一虛), 천을귀인이므로 좋은 인연입니다.(壬癸巳兎藏 : 壬癸는 巳와 卯가 천을 귀인이다)

● **甲辰生 인연구결**
配星透干 배우자성이 투간하여 인연이 된다.
坐下合神 배우자궁과 합하여 인연한다.

● **乙巳生 인연구결**
吉神歸祿 길신이 투간하면 녹왕지를 찾아 인연한다.
三合一虛 삼합일허면 허자로 인연한다.

제 3 부

칠살인연법

칠살이 득세하면 통관으로 인연한다
七殺通關

```
丁  甲  庚  辛
卯  午  寅  丑   乾 9
```

도계실관 해설
범띠, 토끼띠 중 짝을 이루는 것이 묘하다.(寅卯生中 得配爲妙)

삼각산인 해설
寅월 甲木이 목왕지국(木旺之局)을 이룬 가운데 관살혼잡이 결점입니다. 寅월에 태어난 甲목이 뿌리를 굳건히 내리기 위해서는 壬癸의 도움이 필요한데, 아쉽게도 甲에 수기가 충분히 공급되지 못하고 있습니다.

또한 년월에 투간한 庚辛이 甲의 바로 옆에서 일간을 극하고 있으므로 우선적으로 통관하는 것이 필요한데, 壬癸를 만나면 금생수, 수생목으로 화살하여 접속상생을 이룹니다. 따라서 년월의 관살을 통관시키는 것이 중요하니 壬寅, 癸卯生으로 인연이 됩니다.

양인은 합살을 따르므로 乙卯生을 만나면 합살유관(合殺留官)을 이루어 더욱 좋은 배필이 됩니다. 그러나 乙卯生은 15살 아래의 여명이므로 현실적으로 인연이 되기 어렵습니다.

● 壬寅生/癸卯生 인연구결

七殺通關 칠살이 득세하면 통관으로 인연한다.
旺水宜泄 壬癸수는 의설하니 甲乙목으로 인연한다.

● 乙卯生 인연구결

忌神合去 기신합거로 인연한다. - 합살유관

*목왕지국(木旺之局)
甲乙목이 봄에 태어나 지지에 寅卯辰, 혹은 亥卯未 목국을 이루고 있는 사주

*관살혼잡(官殺混雜)

일원을 극하는 관성과 살성이 모두 투간한 사주. 예를 들어 甲목 일주가 천간에 庚금, 辛금이 모두 투간하면 관살혼잡이라고 부른다. 여명의 경우 특히 꺼린다.

*합살유관(合殺留官)

관살혼잡된 경우 칠살을 합거하거나 충거한 경우, 예를 들어 甲목 일주가 천간에 庚辛금이 모두 투간하여 관살혼잡이 되었다면, 乙목으로 乙庚합해서 살성인 庚금을 제거하면 합살유관이 된다. 합살유관된 명조는 귀명을 이룬다. 거살유관(去殺留官)이라고도 한다.

甲 壬 戊 甲
辰 辰 辰 辰 坤 3

도계실관 해설
약한 수가 辰중에 근을 두었으니 목으로 토를 소토한다. 쥐띠, 호랑이띠와 인연하면 백복이 그 중에 있다.(弱水有根 以木疎土 子寅生擇君 百福在中)

삼각산인 해설
토왕지절(土旺之節)에 생하여 戊토가 득령하니 소토(疎土)가 명국의 핵심입니다. 壬은 수고(水庫)인 辰중에 뿌리를 내리고 있으므로 태약하지 않습니다. 따라서 소토(疎土)의 약신(藥神)인 甲목의 록지인 寅을 불러 호랑이띠와 인연하게 됩니다. 2살 위 壬寅生은 소토의 약신이면서 부족한 수기를 공급하므로 좋은 인연입니다.

한편 칠살이 태왕하므로 통관이 필요한 격국이므로 칠살득세(七殺得勢)를 통관해주는 庚子生과 인연합니다. 子는 일간 壬 의 羊刃지로 양인칠살(羊刃七殺)로 대격(大格)을 이루게 해줍니다.

● **壬寅生 인연구결**

吉神歸祿 길신이 투간하면 녹왕지를 찾아 인연한다.

● **庚子生 인연구결**

七殺通關 칠살이 득세하면 통관으로 인연한다.
羊刃合殺 양인합살로 인연한다.

관살이 태왕하면 식신제살로 인연한다
制殺定配

```
壬 乙 庚 戊
午 丑 申 申  坤 5
```

도계실관 해설

土金이 왕하므로 온수생목해야 한다. 뱀띠와 말띠로 배필을 구하라. 그렇지 않으면 여름생 남자도 가하다.(土金旺局 溫水生木 巳午生 擇君吉 不然此生 夏生男亦可)

삼각산인 해설

申월 乙목이 금왕절에 태어나 살왕신약합니다. 申월은 火기를 필요로 하는 계절(季節)일뿐만 아니라 왕한 금기를 식상(食傷)으로 제어함이 필요하므로 뱀띠와 말띠로 배필을 삼습니다. 금을 통관해주는 시상 壬수의 녹지인 亥수로 인연하지 않고 丙丁火의 祿지인 巳午로 인연하는 것은 申월에는 丙丁火로 庚金 열매를 익히는 계절이기 때문입니다.

3살 위 乙巳生 뱀띠는 丙화의 녹지로 월지 관성 申금과 巳申합하고, 일지 배우자궁인 丑토와 巳丑합을 이루니 좋은 인연입니다. 복음으로 출현한 申금중의 하나를 巳申으로 해결하니 더욱 좋습니다. 2살 위 丙午生 말띠는 庚금을 제련하는 丁火 眞神의 녹지로 시지 午화 길신이 투간하였으므로 인연으로 취합니다. 巳午未중에 未는 좌하 丑토와 丑未충하므로 배필로 취하지 않습니다. 여름생이나 丙丁일간에 태어난 사람도 남편으로 택할 수 있습니다.

● 乙巳生 인연구결
伏吟合沖 복음이 있으면 합충으로 인연한다.
合神定配 배우자성과 합하여 인연한다.
坐下合神 배우자궁과 합하여 인연한다.
制殺定配 관살이 태왕하면 식신제살로 인연한다.

● 丙午生 인연구결
吉神透干 길신투간하여 인연한다.
制殺定配 관살이 태왕하면 식신제살로 인연한다.

양인 합살로 인연한다
羊刃合殺

癸 戊 辛 甲
亥 辰 未 午 乾 9

도계실관 해설

더운 여름의 토가 습윤함을 머금으니 영화롭다. 신왕살왕하니 당연히 출세하리라. 원숭이띠, 닭띠, 돼지띠 여인으로 배우자를 택하라.(夏炎之土 逢潤而榮 身旺殺旺 當然出世 申酉亥生中 擇配最吉)

삼각산인 해설

未월의 戊토가 癸亥시를 만나 습기를 품었으니 나무를 키우기가 적당합니다. 대개 戊토는 甲목을 보지 못하면 영험하지 못하고, 癸수가 없으면 만물을 키울 수 없으며, 丙화가 없으면 생기가 없습니다.(無甲不靈 無癸不長 無丙不生) 따라서 戊토는 癸甲丙의 3자를 모두 구비하는 것으로 진신을 삼아 부귀를 누리는 대격을 이룹니다.

2살 아래 원숭이띠는 丙申生으로 원국에 투간하지 못한 丙화를 불러 癸甲丙의 진신체계를 이룹니다. 또한 배우자궁인 辰토와 申辰회국을 이루어 부족한 수기를 공급하니 좋은 인연이 됩니다.

닭띠 丁酉生은 戊토의 양인지인 午화에서 丁화가 투간되어 인연이 됩니다. 원국에 양인이 있으면 양인에서 투출한 지장간이 배우자의 인연이 됩니다. 또한 丁酉生은 좌하 辰토와 辰酉합하므로 좋습니다.

己亥生도 양인(羊刃)투출입니다. 午화 양인(羊刃)중에는 丙丁己가 있는데 그중에 己토가 투간하면 甲木칠살과 합하여 양인합살국을 이루어 대격이 됩니다. 따라서 己亥生도 좋은 인연입니다.

● 丙申生 인연구결

吉神透干 길신투간하여 인연한다.
坐下合神 배우자궁과 합하여 인연한다.

● 丁酉生 인연구결

羊刃透出 양인의 지장간이 투출하여 인연한다.
坐下合神 배우자궁과 합하여 인연한다.

● 己亥生 인연구결

羊刃合殺 양인합살로 인연한다.

*양인합살(羊刃合殺)
양인은 칠살을 좋아하므로 양인이 칠살과 상합하면 대격을 이룬다.

$$\begin{matrix} 丁 & 壬 & 己 & 庚 \\ 巳 & 寅 & 卯 & 子 \end{matrix} \text{乾7}$$

도계실관 해설
흐르는 물은 따뜻하게 해서 제방해야 한다. 용띠, 소띠로 인연하면 아름답다.(流動之水 溫土堤防 辰丑生中 擇配尤美)

삼각산인 해설
卯월은 만물이 싹을 틔워 돋아나는 계절이므로 水氣를 잘 공급하고 丙丁화로 조후하여 수화기제(水火旣濟)를 이루는 것이 중요합니다. 金의 조력을 받은 水가 丁巳시를 만나 水火旣濟를 이루니 격국이 아름답습니다. 년지 양인(羊刃)이 있으므로 양인합살(羊刃合殺)하는 辛丑生, 甲辰生으로 인연을 취합니다.

辛丑生은 壬수의 재성이 암장된 巳丑과 합국을 이루므로 좋은 인연이 됩니다. 甲辰生은 배우자궁인 寅목에서 甲목이 투간하므로 역시 길한 인연입니다. 辰丑토는 원국의 공협(拱協)인데, 공협(拱協)하는 글자가 배우자성이 되거나 기신(忌神)을 합거하는 경우 배우자로 인연하는 경우가 많습니다.

● 辛丑生 인연구결
合神定配 배우자성과 합하여 인연한다.
羊刃合殺 양인합살로 인연한다.

● 甲辰生 인연구결
吉神透干 길신투간하여 인연한다.
羊刃合殺 양인합살로 인연한다.

*공협(拱協)
지지의 순차배열 중에 빠진 글자를 말한다. 예를들어 寅辰이 있다면 중간에 卯가 빠진 글자이므로 卯가 공협되었다고 한다. 공협된 글자는 허자(虛字)로 불러서 쓰기도 한다.

제 4 부
합충인연법

배우자궁과 합하여 인연한다
坐下合神

```
丙  丙  戊  庚
申  子  寅  寅  乾 8
```

도계실관 해설
입춘 후 6일에 태어나 화기가 점차 성장한다. 용띠, 뱀띠 여인이 좋은 인연이다.(立春六日 火將氣餘 辰巳生女 正是良緣)

삼각산인 해설
寅월 丙화가 아직 초춘의 추위가 가시지 않았으나 따뜻한 기운이 점차 성장하는 계절입니다. 일시에 申子가 회국하여 寅목에 충분한 수기를 공급하고 천간에 丙화가 온기를 간직하니 수화기제(水火旣濟)를 이룹니다.

일시의 申자가 삼합수국을 이루니 빠진 辰자를 불러들여 壬辰生 용띠로 인연이 됩니다. 좌하 배우자궁 자수로부터 투간한 인연이기도 하며, 좌하 子수와 子辰합국을 이룹니다. 일시복음인 丙화와 丙壬충하는 관계이기도 합니다. 초춘으로 丙화가 아직 기세를 갖추지 못하여 약하니 귀록지인 巳화를 필요로 하므로 癸巳生 뱀띠와도 좋은 인연을 맺습니다. 역시 좌하 배우자궁으로부터 천간으로 투출한 癸생과 인연합니다.

● **壬辰生 인연구결**
坐下透干 배우자궁에서 투간하여 인연한다.
伏吟合沖 복음이 있으면 합충으로 인연한다.
坐下合神 배우자궁과 합하여 인연한다.

● **癸巳生 인연구결**
日柱歸祿 일주가 근이 없으면 녹왕지를 찾아 인연한다.
坐下透干 배우자궁에서 투간하여 인연한다.

*수화기제(水火旣濟)
　수와 화가 균형을 맞추고 있는 것을 말한다. 예를 들어 卯월에 태어난 乙목 일간이 천간에 丙癸를 만나면 수화기제를 이루었다고 말한다.

```
庚 己 戊 己
午 卯 辰 酉  乾 10
```

도계실관 해설

토가 너무 왕하므로 목으로 소토해야 한다. 돼지띠, 쥐띠로 배필을 구하면 모든 복이 그 속에 있으리라.(土旺用木 擇配亥子生 百福在其中)

삼각산인 해설

辰월에 태어나 비겁이 중중하니 토왕지국을 이루었습니다. 당연히 목으로 왕토를 소토하는 것이 우선입니다. 己卯일주가 좌하에 卯목을 두었으니 좋은 배우자를 만나게 됩니다. 이른바 유병득약(有病得藥: 병이 있는데 약을 얻음)이나 천간에 목이 투간하지 못한 것이 아쉽습니다.

대저 辰월은 수기가 마르는 계절이므로 수를 충분히 공급해야 나무를 키울 수 있기 때문입니다. 따라서 亥子丑 수왕(水旺)지를 인연하게 되는데, 辛亥생은 지지묘목과 亥卯목국을 이룸과 동시에 주중에 부족한 수기를 공급하니 길합니다. 壬子생 역시 子辰 회국하여 수기를 충분히 보태어 주므로 좋습니다. 癸丑생은 己토일원의 귀록지인 午화와 丑午 원진 탕화살을 이루고 丑午 상천(害)하므로 인연으로 취하지 않습니다.

● 辛亥生 인연구결
坐下合神 배우자궁과 합하여 인연한다.

● 壬子生 인연구결
合神定配 배우자성과 합하여 인연한다.

배우자성과 합하여 인연한다
合神定配

```
壬  癸  丁  丙
子  酉  酉  午  乾 9
```

도계실관 해설

양띠나 원숭이띠 중 인연을 구하면 길하다.

(未申生中 擇配爲吉)

삼각산인 해설

酉월 癸수가 추수통원(秋水通源)을 이룬 중에 년지 午화에서 재성이 고투(高透)하니 아름답습니다. 癸수의 배우자성은 午중의

丙丁화이니 재성의 귀록지인 午화와 합하는 丁未生 양띠로 인연합니다. 배우자성과 합하여 인연을 취하는 이유입니다.

癸수는 시지 子수를 만나 귀록(歸祿)하니 子와 합하는 申 원숭이 띠가 배우자로 인연합니다. 일원의 녹지는 자신을 대표하기 때문입니다. 子수와 합하는 丑토나 辰토도 인연할 수 있으나 나이 차이가 너무 많으므로 취하지 않습니다.

추수통원을 이루며 시지에 녹지를 만나 수왕(水旺)국을 이루었으므로 甲乙로 설기하는 인연을 만나기도 합니다. 그러나 甲乙에 해당하는 띠는 7살 이상의 차이가 나므로 적합하지 않습니다.

● 丁未生 인연구결
合神定配 배우자성과 합하여 인연한다.

● 戊申生 인연구결
祿地相合 일간의 녹신과 합하면 인연한다.

복음이 있으면 합충으로 인연한다
伏吟合沖

```
甲 己 壬 甲
子 未 申 辰  乾 1
```

도계실관 해설
원숭이띠, 닭띠 중에 인연을 구하면 길하다.
(申酉生中 擇配爲吉)

삼각산인 해설
申월 己토가 삼합수국을 이루었으니 금수가 세력을 얻어 왕한 가운데 甲己가 상합하여 일원 己토를 제어하는 격입니다. 다만 년간에 투간한 甲목이 쟁합하고 子未의 천제(穿制)가 깨끗하지 못한 것이니 결점입니다. 따라서 금수의 세력을 생부하는 원숭이띠, 닭띠로 인연을 구합니다.

戊申生은 申금이 甲목의 절지이자 壬수의 장생지가 되므로 인연하지만 戊토가 壬수를 극하므로 좋은 인연은 되지 못할 듯합니다. 己酉生은 甲甲이 복음으로 투출하여 己토와 쟁합하므로 己토를 불러들여 쟁합을 해결하므로 좋은 인연이 됩니다.

● **己酉生 인연구결**
伏吟合沖 복음이 있으면 합충으로 인연한다.

합반되면 충하여 인연한다
配星合絆

```
丁  壬  庚  庚
未  午  辰  子  乾4
```

도계실관 해설
청명후 곡우절에 다다르면 양기가 점차 나아가 수기가 모인다.
소띠, 뱀띠 중 인연하면 한 아들이 영화로우리라.
(淸明後 穀雨節 陽進水聚 丑巳生中 擇配 一子榮)

삼각산인 해설
辰월은 양기가 성장하므로 수기가 부족한 계절입니다. 子辰이 회국하여 수기를 공급함은 좋으나 일시의 천간지지가 丁壬合 午未合으로 합반(合絆)하고 있음이 아쉽습니다. "과어유정이면 지무원달(過於有情 志無遠達 : 사주 원국에 합이 많으면 뜻이 크지 않다)"이니 원대한 꿈을 갖거나 근면함이 부족하기 쉽습니다. 따라서 일시(日時)의 원앙합(鴛鴦合)을 丑未충으로 깨뜨려주는 丑토 소띠를 인연으로 취합니다. 년간 庚금의 천을귀인은 未와 丑인데, 원국에 未만 출현하고 丑은 출현하지 않았으므로 丑을 불러 인연이 되므로 소띠는 貴人의 인연입니다. (貴人獨行) 庚금이 복음으로 천간에 투간했으므로 사주의 명국이 탁합니다. 이럴 경우 복음을 해결하기 위해 합충하는 글자로 인연을 맺게 됩니다. 4살 아래 乙巳生은 乙庚合으로 庚금하나를 합거, 격국을 맑게 해주므로 좋은 인연이 됩니다.

● **辛丑生 인연구결**
配星合絆 합반되면 충하여 인연한다.
貴人獨行 천을귀인이 하나면 또 하나를 불러들여 인연한다.

● **乙巳生 인연구결**
伏吟合沖 복음이 있으면 합충으로 인연한다.

*과어유정 지무원달(過於有情 志無遠達)
원국에 천간 지지가 지나치게 합이 많으면 뜻이 원대하지 못하다.
*원앙합(鴛鴦合)
壬午日 丁未時와 같이 바로 옆에서 천간지지가 모두 합하는 것.

탐합망충으로 인연한다
貪合忘冲

```
戊  壬  丙  戊
申  戌  辰  子   坤1
```

도계실관 해설
맑은 물은 근원이 있고 흐르는 물은 때가 있다. 살인상생을 이루니 운을 만나면 부귀를 이룬다. 원숭이띠와 닭띠로 인연하면 길하다.(殺印相生 逢運富貴 申酉生中 擇君最吉)

삼각산인 해설
辰월에 태어난 壬수가 申子辰 수국을 이루어 수기가 풍부합니다.

辰월은 수기가 마르는 계절이므로 충분한 수기를 공급해야 귀격을 이룹니다. 戊토가 천간에 투간하여 산명수수(山明水秀)의 격을 이루므로 대격입니다. 조년에 출세하여 부귀를 누립니다. 다만 辰戌이 상충하므로 만혼하게 되는 것이 흠입니다.

壬수가 지지에 삼합수국을 이루어 수왕함을 이루었으나 봄철에 甲乙목이 없어 설기하지 못하는 것이 흠입니다. 따라서 甲乙로 설하는 인연을 취합니다. 甲申, 乙酉生은 甲乙이 개두되어 왕수를 설해줄 뿐만 아니라 월시에 투출한 칠살을 제살해주므로 좋은 인연이 됩니다. 특히 酉生은 辰戌상충을 辰酉합으로 막아주는 탐합망충(貪合忘沖:합을 탐하므로 충을 잊게 된다)의 길한 작용을 하므로 인연으로 취하게 됩니다.

● 甲申生 인연구결

制殺定配 관살이 태왕하면 식신제살로 인연한다.
旺水宜泄 壬癸수는 의설하니 甲乙목으로 인연한다.

● 乙酉生 인연구결

貪合忘沖 탐합망충으로 인연한다.
旺水宜泄 壬癸수는 의설하니 甲乙목으로 인연한다.

제 5 부
허자인연법

삼합일허면 허자로 인연한다
三合一虛

```
庚 乙 丙 庚
辰 未 戌 子  坤 9
```

도계실관 해설

乙목이 뿌리가 있으니 화로 제살해야 한다. 돼지띠, 양띠, 원숭이 띠 중에 남편감을 고르면 길하다.(乙木有根 以火制殺 亥未申生 中 擇君最吉)

삼각산인 해설

戌월 乙木은 뿌리가 시들고 잎이 떨어지는 계절입니다. 戌월은 화기가 저장되는 공간이므로 丙丁으로 화기를 보존함과 동시에 癸水가 습기를 공급해주는 것에 의지하게 됩니다. 1살 위인 己亥生은 배우자궁인 未土와 亥未 합할 뿐만 아니라 未중에서 己토가 투간했으므로 배우자가 될 수 있습니다.

乙未生도 역시 좌하 未중의 乙목이 투간되었으므로 배우자 인연입니다. 또한 천간에 관성 庚금이 2개가 투간하여 격국이 탁해 졌는데, 이렇게 배우자성이 혼잡하거나 2개가 투간하면 합충으로 제거하여 인연합니다. 庚금이 둘이므로 하나를 합거(合去)하는 乙生을 취한 것입니다.

원국에 子辰이 회국하는 중에 삼합 수국에 빠진 한 글자를 허자로 불러 합국을 완성하니 원숭이띠 丙申生이 좋은 인연이 됩니다. 나아가 乙목의 천을귀인은 申子인데 원국에는 子수만 있고 申금은 나타나지 않았습니다. 따라서 申금은 삼합일허의 허신임과 동시에 천을귀인으로 인연이 됩니다. 천을귀인이 하나만 있을 경우 나머지 하나를 불러 들여 인연으로 삼기 때문입니다.

● **己亥生 인연구결**
坐下透干 배우자궁에서 투간하여 인연한다.
坐下合神 배우자궁과 합하여 인연한다.

● **乙未生 인연구결**
坐下透干　배우자궁에서 투간하여 인연한다.
伏吟合沖　복음이 있으면 합충으로 인연한다.

● **丙申生 인연구결**
貴人獨行　천을귀인이 하나면 또 하나를 불러들여 인연한다.
三合一虛　삼합일허면 허자로 인연한다.

辛　庚　甲　戊
巳　午　子　戌　乾6

도계실관 해설
추운 계절의 庚금이 따뜻함을 만났으니 부귀가 시에 있다. 소띠와 호랑이띠로 인연을 구하면 더욱 길하다.(寒金逢暖 榮貴有時 丑寅生中 擇配尤吉)

삼각산인 해설
子월 庚금이 겨울에 태어나니 조후가 선급합니다. 다행히 辛巳時를 만나 巳午가 방합하여 온난(溫暖)함을 공급합니다. 일시에 희신을 두었으니 좋은 짝을 만나 해로하고 자손도 영화로울 것입니다. 庚금 일원이 지지에 통근함이 미약하니 입고지인 丑토를 불러들여 辛丑生 소띠와 인연합니다. 丑生은 子丑합하니 子午상충을 구해주는 약신(藥神)의 작용도 합니다.

일원의 뿌리가 미약하면 녹지로 인연함이 더욱 좋으나 庚금 일원의 귀록지인 戊申生은 11살 차이로 부부로 인연되기가 어려우므로 부득이 입고지인 소띠로 인연하는 것입니다. 년일의 午戌이 회국하는데 寅자가 빠졌으므로 허신을 불러 호랑이띠 壬寅生과 인연합니다. 寅은 庚금의 재성이자 배우자궁인 午화와 甲己암합하고 있는 甲木의 귀록지이기도 합니다.

● 辛丑生 인연구결
貪合忘沖 탐합망충으로 인연한다.

● 壬寅生 인연구결
配星歸祿 배우자성이 투간하면 녹왕지로 인연한다.
三合一虛 삼합일허면 허자로 인연한다.

삼형일허면 허자로 인연한다
三刑一虛

```
癸 丙 丙 己
巳 戌 寅 丑  乾 7
```

도계실관 해설
상관견관으로 보지 말라 능히 재관을 취한다. 뱀띠, 원숭이띠와 인연한다.(勿以傷官見官 當以財官取用 巳申生女中 擇配最爲奇)

삼각산인 해설
寅월 丙화가 우수(雨水)이후 태어나 화토가 왕한 중에 癸巳時를 만나 습기를 공급합니다. 癸巳時는 己丑年으로부터 5년 이내 근접한 時支이므로 직접 작용하여 癸巳生 뱀띠와 인연을 맺습니다. 년으로부터 5년 이내 시지가 있으면 해당하는 시지를 인연하는 경우가 많습니다.

원국에 寅巳申 삼형(三刑)중 寅巳만이 존재하므로 나머지 申자를 허신(虛神)으로 불러 삼형을 완성하므로 丙申生으로 인연합니다. 더불어 丙화의 녹지는 巳화인데 일간의 녹지 巳화와 申금은 육합(六合)하기도 하므로 원숭이띠가 인연합니다. 일간의 녹신은 자신을 대표하므로 자신과 합하는 것이 곧 배우자이기 때문입니다.

● 癸巳生 인연구결
年時近接 년시근접하면 생시로 인연한다.
調候先要 조후선요로 인연한다.

● 丙申生 인연구결
祿地相合 일간의 녹신과 합하면 인연한다.
三刑一虛 삼형일허면 허자로 인연한다.

*상관견관(傷官見官)
상관이 정관을 만난 것. 상관격의 파격이다. 상관이 정관을 보면 재앙이 생긴다.

배우자성이 없으면 비합자로 인연한다
飛合爲緣

```
辛 庚 庚 辛
巳 子 子 卯  乾 4
```

도계실관 해설
금이 차가운 물에 설기되니 온기를 만나야 영화롭다. 뱀띠, 말띠로 인연을 구하면 가장 길하다.(金泄寒水 巳午生中 擇配最吉)

삼각산인 해설
子월庚금이 금수상관을 이루었으니 총명한 인재입니다. 추운 계절에 태어난 금이므로 우선 조후가 필요합니다. 다행히 辛巳時를 만났으니 巳중 암장된 丙화 길신을 취하게 됩니다. 따라서 丙화의 녹왕지인 뱀띠와 말띠를 인연으로 취하게 됩니다. 癸巳生 뱀띠는 丙화의 귀록지임과 동시에 배우자궁인 子수에서 천간으로 癸수가 투간되었으므로 인연으로 오게 됩니다. 甲午生 말띠는 좌하 배우자궁인 子수와 子午충하므로 인연으로 취하지 못할 것 같지만 원국이 복음을 이루면 합충하는 글자로 인연하므로 말띠도 인연이 될 수 있습니다. 庚子月 庚子日에 태어나 월일이 복음이므로 천간으로는 乙, 지지로는 午화를 허신으로 불러오게 됩니다. 庚子일주는 일원의 사지(死地)이므로 배우자와의 인연이 늦어지거나 불미한 경우가 많습니다. 이를 감안하면 만혼일 경우 14세 아래인 乙巳生, 15세 아래인 丙午生과도 인연이 이루어질 가능성이 큽니다. 乙巳生은 卯중 암장된 재성 乙목이 투간하여 일간과 합하고, 丙午生은 巳중에 암장된 길신 丙화가 투간되므로 좋은 인연입니다.

● **癸巳生 인연구결**

坐下透干 배우자궁에서 투간하여 인연한다.

● **甲午生 인연구결**

伏吟合沖 복음이 있으면 합충으로 인연한다.

● **乙巳生 인연구결**

伏吟合沖 복음이 있으면 합충으로 인연한다.

飛合爲緣 배우자성이 없으면 비합자로 인연한다.

● 丙午生 인연구결
吉神透干 길신투간하여 인연한다.
伏吟合沖 복음이 있으면 합충으로 인연한다.

```
己 辛 壬 己
亥 未 申 亥  坤7
```

도계실관 해설
辛금은 주옥과 같은 성품이라 壬수를 만나 씻어주어야 한다. 양띠, 원숭이띠 중 인연을 구하면 가장 묘하다. (珠玉洗塵 旺金秀氣 未申生中 擇君最妙)

삼각산인 해설
가을에 태어난 辛금이 월령을 얻어 금왕지국(金旺之局)을 이루었습니다. 해중에 뿌리를 둔 壬수가 천간에 투간하여 왕금을 설해주니 기세가 빼어납니다. 원국의 좌하 未중에서 투간한 乙을 불러와 인연으로 취하므로 4살 위 乙未生이 좋은 배필입니다. 未중에서 투간하는 丁酉生도 취할 수 있으나 금왕지국이라 닭띠는 인연하기 어렵습니다.

같은 취지에서 좌하 未土와 합하는 甲午生도 인연으로 취할 수 있을 듯합니다. 甲木이 투간하면 왕한 수를 설하는 효용도 있고, 좌하 未土에서 투간한 己土와 甲己合하므로 인연으로 불러 올 수 있습니다.

원국에 관성이 보이지 않거나 미약하면 배우자성에 해당하는 비합(飛合)자를 불러와 그대로 인연하기도 합니다. 따라서 3살 위 丙申生은 辛금의 정관 남편이므로 인연으로 취하게 됩니다.

● 乙未生 인연구결
坐下透干　배우자궁에서 투간하여 인연한다.

● 甲午生 인연구결
坐下合神　배우자궁과 합하여 인연한다.

● 丙申生 인연구결
飛合爲緣　배우자성이 없으면 비합자로 인연한다.

*비합(飛合)
천간과 합하는 글자이다. 예를 들어 辛이 천간에 있다면 비합자는 丙辛合하므로 丙이 된다.

천을귀인이 하나면 또 하나를 불러들여 인연한다
貴人獨行

```
乙 壬 乙 乙
巳 申 酉 巳  坤 8
```

도계실관 해설
가을물이 차가우니 따뜻함에 공이 있다. 호랑이띠, 토끼띠 중에 남편을 구하면 길하다.(秋水猶寒 溫氣有功 寅卯生中 擇君最吉)

삼각산인 해설
壬수가 추수통원(秋水通源)을 이룬 가운데 乙巳시를 만나 따뜻함을 얻었습니다. 일시에 巳申이 형국을 틀어 빠진 글자 寅목을 허신으로 부르니 호랑이띠 壬寅生과 인연합니다. 壬水일원은 巳卯를 천을귀인으로 삼는데, 원국에 巳화는 있으나 卯목은 없으므로 귀인독행(貴人獨行)으로 癸卯生 토끼띠를 배필로 인연합니다.

● 壬寅生 인연구결
三刑一虛 삼형일허면 허자로 인연한다.

● 癸卯生 인연구결
貴人獨行 천을귀인이 하나면 또 하나를 불러들여 인연한다.

*추수통원(秋水通源)
壬癸水가 申酉月에 생하여 근원에 통하고 있다는 의미.

제 6 부
희신인연법

甲목과 己토는 양토육목으로 인연한다
壤土育木

壬 甲 甲 丙
申 辰 午 申 乾 10

도계실관 해설
좋은 배필을 만나 가정을 꾸린다. 돼지띠, 소띠가 가장 좋다.
(良配齊家 亥丑生最吉)

삼각산인 해설
午월 甲목이 화왕한 여름에 태어났다. 여름의 목은 조후가 중하니 금의 조력을 받은 수로 습윤(濕潤)하게 해야 합니다. 丙화가 월령을 얻어 화왕지국을 이루었는데 데 壬수가 투간하여 조열함을 조절하는 상신(相神)입니다. 따라서 수왕지인 亥子丑에 해당하는 띠를 배필로 인연합니다.

亥는 壬수의 귀록(歸祿)이므로 좋은 인연입니다. 게다가 甲목은 己토를 불러와 배우자로 인연하는 경향이 있으니 3살 아래 己亥生이 천생연분입니다. 丑토는 甲목의 처성인 정재 己토를 품음과 동시에 습토이므로 화기를 제어합니다. 5살 아래 辛丑生은 丙화와 丙辛 합하여 화왕한 기세를 꺾으므로 좋습니다. 다만 子수는 월건 午화를 충극하므로 인연이 되지 않습니다.

● 己亥生 인연구결
吉神歸祿 길신이 투간하면 녹왕지를 찾아 인연한다.
壤土育木 甲목과 己토는 양토육목으로 인연한다.

● 辛丑生 인연구결
吉神歸祿 길신이 투간하면 녹왕지를 찾아 인연한다.
忌神合去 기신합거로 인연한다.

乙 己 戊 壬
亥 丑 申 子 乾4

도계실관 해설
호랑이띠와 토끼띠로 인연을 찾으면 길하다.
(寅卯生中 擇配最吉)

삼각산인 해설
지지에 亥子丑 북방수국을 이루고 申子가 회국하니 수왕지국을 이루었습니다. 근토는 甲과 상합하여 목을 키우는 토양이 되므로 甲목을 불러 인연으로 취하는 성향이 있습니다. 또한 수기가 왕하면 반드시 목으로 설해야 하는 것이 명리의 정론이므로 왕수를 설하는 甲乙목으로 인연을 삼게 됩니다. 따라서 甲목의 祿旺지인 甲寅, 乙卯生이 좋은 인연이 됩니다. 과어한습(過於寒濕 : 수기가 지나치게 많고 한습한 명조)이면 희손(希孫)이므로 자손을 얻는 것이 늦고 아들을 낳기가 어렵습니다.

● 甲寅生/乙卯生 인연구결
壤土育木 甲목과 근토는 양토육목으로 인연한다.
旺水宜泄 壬癸수는 의설하니 甲乙목으로 인연한다.

甲목이 조열하면 화치승룡으로 인연한다
火熾乘龍

```
戊  甲  丁  丁
辰  辰  未  酉  坤3
```

도계실관 해설
여름에 태어난 甲목이 조열하므로 단비가 내려 조후해야 한다. 용띠, 뱀띠, 원숭이띠 중에 남편을 고르면 길하다.(辰巳申支中 擇君尤吉)

삼각산인 해설
좌하 辰토가 화기를 설하고 습기를 공급하는 길신입니다. 이른바 화치승룡(火熾乘龍 : 조열한 甲목은 진토를 만나 해갈한다)입니다. 甲목의 관성은 년지 酉금에 암장되었는데 년일이 합하여 배우자궁으로 들어오니 좋은 남편과 만납니다.

조열한 甲목이 수기를 필요로 하므로 壬辰生은 천간에 壬수가 투간한 중에 진토가 관성인 酉금과 합하므로 인연이 됩니다. 또한 두 개의 丁화가 천간에 나란히 투간했으니 丁壬합으로 하나를 제거하는 복음합충의 인연이기도 합니다.

癸巳生은 배우자궁에서 癸수가 천간으로 투간한 중에 巳酉합국을 이룸과 동시에 복음으로 출현한 丁화를 충거하는 인연이기도 합니다. 丙申生은 申금이 좌하 辰토와 申辰수국을 이루어 조열함을 풀어주니 배우자 인연입니다.

● **壬辰生 인연구결**
伏吟合沖 복음이 있으면 합충으로 인연한다.
合神定配 배우자성과 합하여 인연한다.
調候先要 조후선요로 인연한다.
火熾乘龍 甲목이 조열하면 화치승룡으로 인연한다.

● **癸巳生 인연구결**
配星透干 배우자성이 투간하여 인연이 된다.
伏吟合沖 복음이 있으면 합충으로 인연한다.

合神定配 배우자성과 합하여 인연한다.

*화치승룡(火熾乘龍)
조열한 甲목은 辰토를 만나 해갈한다.

*복음(伏吟)
같은 글자가 거듭 중출(重出)한 것을 복음이라고 한다.

乙목은 등라계갑으로 인연한다
藤蘿繫甲

```
丁 乙 戊 壬
亥 巳 申 寅  乾 2
```

도계실관 해설
지지가 인신사해로 사맹격을 이룬다. 월일이 상합하니 대부귀격을 이룬다. 용띠, 뱀띠, 말띠 중 배필을 택하면 길하다.(四孟格 順局者 月通日合 大富貴格也 辰巳午生中 擇之則吉)

삼각산인 해설
가을철의 쇠절한 목이 왕기를 얻지 못한 듯하지만 申중의 壬수가 투간하여 일주를 생합니다. 巳申이 상합하여 일시의 충을 피했고, 亥중에 歸祿한 壬수는 丁화와 자합하니 대귀격의 조짐입니다. 乙목일주의 좌하 巳화중에 戊토재성이 천간에 투간했으니 배우자 성입니다. 따라서 戊토의 근이 되어 주는 巳화를 불러 3살 아래 乙巳生 뱀띠와 인연을 삼습니다. 2살 아래 甲辰生은 戊토의 근원이 될 뿐만 아니라 뿌리가 미약한 乙이 甲을 만나 등라계갑(藤蘿繫甲)하므로 인연입니다.

申월은 庚금을 丙화로 익히는 계절인데 원국에 丙화가 투출하지 못해 아쉽습니다. 다행히 배우자궁에 丙화가 암장된 길신이므로 巳中丙火가 투출하여 丙午生을 인연으로 삼습니다.

● 乙巳生 인연구결
配星歸祿 배우자성이 투간하면 녹왕지로 인연한다.

● 甲辰生 인연구결
配星歸祿 배우자성이 투간하면 녹왕지로 인연한다.
藤蘿繫甲 乙목은 등라계갑으로 인연한다.

*등라계갑(藤蘿繫甲)
乙일주는 유약한 음목으로 덩굴 숲에 비유한다. 천간에 甲이 있거나 지지에 寅이 있으면 등라계갑이라고 부른다. 약한 덩굴이 甲목에 의지하는 것이다.

庚금과 丁화는 화련진금으로 인연한다
火煉眞金

```
甲 丁 壬 己
辰 巳 申 酉  乾 1
```

도계실관 해설

개띠, 범띠 중 인연을 구하면 복이 있다.

(戌寅生中 擇配則福)

삼각산인 해설

申월에 태어난 丁화가 금왕지절(金旺之節)이나 좌하 巳중에 뿌리를 두고 甲목을 얻어 태약(太弱)을 면했습니다. 丁화는 甲목을

얻어 진신을 삼으므로 길합니다. 다만 申辰회국하고 壬수가 투간
하였으므로 수다목부(水多木浮)가 사주의 병이므로 왕한 수기를
제어하는 것이 중요하다고 할 것입니다. 1살 아래 庚戌生은 甲庚
丁의 구조를 이루어 벽갑인정(劈甲引丁)하므로 좋은 인연입니
다. 5살 아래 甲寅生은 시상 甲목이 귀록하므로 인연합니다. 또
한 寅이 빠진채 巳申만이 형국을 이루는 삼형일허(三刑一虛)로
寅목을 불러들여 인연을 삼습니다.

● 庚戌生 인연구결
火煉眞金 庚금과 丁화는 화련진금으로 인연한다.
水多木浮 수다목부하니 戊토로 제방을 삼는다.

● 甲寅生 인연구결
吉神歸祿 길신이 투간하면 녹왕지를 찾아 인연한다.
三刑一虛 삼형일허면 허자로 인연한다.

설하는 글자가 없으면 식상으로 인연한다
及身而地

```
乙 丁 丙 辛
巳 巳 申 巳  乾 10
```

도계실관 해설

백로 직전의 丁화가 비록 약지이지만 세력을 이루므로 약이반왕이다. 戊己생으로 배우자를 구하면 길하다.(白露直前之丁火 雖曰弱地 五火類聚 弱而反旺 戊己生晩得則吉)

삼각산인 해설

申월 丁화가 월령을 잃었으나 목화가 세력을 이루어 금기를 제어합니다. 丙辛합과 巳申합으로 금기를 깨끗하게 제어하는 대격입니다. 왕한 화가 설기하는 토를 만나지 못했으니 戊己生으로 화금상전(火金相戰)을 통관하면 더욱 길합니다. 따라서 戊己生으로 인연을 구하게 됩니다. 戊子生은 丁화의 정재인 辛금과 상합하고, 己丑生은 丁화의 배우자궁인 巳화와 巳丑회국하므로 인연이 됩니다.

● **戊子生 / 己丑生 인연구결**
及身而止 설하는 글자가 없으면 식상으로 인연한다.
合神定配 배우자성과 합하여 인연한다.

丙 丁 乙 丁
午 酉 巳 未 乾 9

도계실관 해설
오랜 가뭄이 지속되니 산천이 고갈된 형국이다. 닭띠와 결혼하라.
(大旱日久 山川枯渴 酉生得配)

삼각산인 해설
화왕지절에 木火가 세력을 이루었습니다. 원국의 모습은 목화가 세를 이루어 巳丑합으로 좌하 酉금을 제어하는 형국입니다. 巳酉가 회국하여 원국의 병신인 酉금을 완전히 제어했으므로 대격입니다. 巳午未가 방합을 짜고 있는 가운데 왕화를 설하는 식상이 원국에 보이지 않습니다. 未土는 조토이자 巳午未 방합으로 설기하는 기능이 약합니다. 이른바 급신이지(及身而止)입니다. 따라서 왕화를 설해주기 위해 식상인 戊己土를 불러 들이게 됩니다. 1살 아래 戊申生은 巳申이 합하여 巳酉회국을 풀어 버리므로 酉金을 巳화가 제어하지 못하게 합니다. 巳申이 상합하여 酉金을 놓치면 격국이 파격으로 변하게 되므로 인연이 되지 못합니다. 2살 아래 己酉生은 왕화를 근토로 설함과 동시에 酉金 재성이 곧 배우자이므로 己酉生 닭띠를 인연합니다.

● **己酉生 인연구결**

及身而止 설하는 글자가 없으면 식상으로 인연한다.

*戊申生은 巳申합하여 酉金을 놓치게 되므로 인연으로 취하지 못한다. 격국이 파괴되어 버리기 때문이다.

丁화는 여유적모로 인연한다
如猶嫡母

辛 丁 丙 辛
亥 酉 申 丑 乾8

도계실관 해설

용띠, 뱀띠 중에 짝을 구하면 더욱 길하다.

(辰巳生中 擇配尤吉)

삼각산인 해설

申월 丁화가 금왕지절(金旺之節)에 태어나니 신약합니다. 丁화는 甲목의 생조를 필요로 하니 관성인 시지 亥중에 암장된 甲목이 길신입니다. 따라서 자손이 출중하고 아름다울 것입니다. 월상에 투간한 丙화가 丁화의 빛을 뺏는 겁재인데, 丙辛이 합반되어 제거되었으니 경쟁에서 이기고 무리중에 출중하게 됩니다.

3살 아래 甲辰生은 亥중에 암장된 甲목이 천간으로 투출하여 丁화를 생하므로 좋은 인연입니다. 나아가 辰토가 좌화 재성인 酉금과 辰酉합하니 인연이 됩니다. 대개 남명은 재성을 배우자로 보는데 배우자성과 합하면 결혼의 응기입니다.

원국에 酉丑이 회국하고 있는데 巳화가 없으므로 허신으로 巳화를 불러들여 乙巳生과 인연합니다. 허신 巳화는 좌하 酉금 재성과 합하므로 인연입니다.

● **甲辰生 인연구결**
坐下合神 배우자궁과 합하여 인연한다.
如有嫡母 丁화는 여유적모로 인연한다.

● **乙巳生 인연구결**
坐下合神 배우자궁과 합하여 인연한다.
三合一虛 삼합일허면 허자로 인연한다.

辛금일주는 도세주옥으로 인연한다
淘洗珠玉

```
己 辛 癸 庚
亥 酉 未 寅  乾 5
```

도계실관 해설
용띠와 뱀띠가 좋은 인연이다.(辰巳生 佳緣)

삼각산인 해설
未月에 태어난 辛금이 좌하 酉금에 뿌리를 얻고 癸수를 만나 여름의 조열함을 다스린다. 금수가 세력을 얻어 수기로 설하니 두뇌가 빼어나고 총명합니다.

2살 아래 壬辰生은 辛금일원이 壬수를 만나 도세주옥(淘洗珠玉)하니 좋은 인연입니다. 나아가 배우자궁인 酉금과 辰酉상합하니 인연으로 취합니다. 3살 아래 癸巳生은 역시 좌하 酉금과 巳酉로 회국하니 인연이 될 수 있습니다. 그러나 壬辰生보다 못합니다. 辛금은 壬수를 진신(眞神)으로 삼기 때문입니다.

● **壬辰生 인연구결**

淘洗珠玉　辛금일주는 도세주옥으로 인연한다.
調候先要　조후선요로 인연한다.
坐下合神　배우자궁과 합하여 인연한다.

● **癸巳生 인연구결**

坐下合神　배우자궁과 합하여 인연한다.
調候先要　조후선요로 인연한다.

壬癸수는 의설하니 甲乙목으로 인연한다
旺水宜泄

癸 癸 丁 壬
亥 亥 未 寅 乾 5

도계실관 해설

6월생으로 물이 많으니 여름이지만 찬 기운이 일어난다. 뿌리없는 물이므로 금수의 땅에서 길함이 생길 것이다. 용띠나 뱀띠로 인연을 구하면 길하다.(六月水多 雖曰三伏生寒 無源之水 及爲克泄 金水之鄕 能得吉兆 辰巳生 擇配 吉)

삼각산인 해설

癸수가 비록 여름에 태어났으나 일시에 수기가 가득하니 삼복생한입니다. 그러나 금기를 얻지 못했으므로 무근(無根)한 수(水)로 금수지지에서 길함을 누리게 됩니다. 왕한 수가 천간에 목을 보지 못하여 설하지 못하는 것이 흠입니다. 왕수는 응당 설해야 하므로 甲乙生을 인연으로 취합니다.

甲辰生은 배우자궁인 亥중 甲이 투간했으니 좋은 인연입니다. 乙巳生은 일시에 복음(伏吟)으로 존재하는 亥를 충하여 해결하므로 또한 좋은 인연입니다.

● 甲辰生 인연구결

坐下透干 배우자궁에서 투간하여 인연한다.
旺水宜泄 壬癸수는 의설하니 甲乙목으로 인연한다.

● 乙巳生 인연구결

伏吟合沖 복음이 있으면 합충으로 인연한다.
旺水宜泄 壬癸수는 의설하니 甲乙목으로 인연한다.

수다목부하니 戊토로 제방을 삼는다
水多木浮

```
壬 甲 壬 丁
申 子 寅 未  乾 9
```

도계실관 해설

봄 나무가 수기가 왕성하니 추운 나무가 떠내려갈까 두렵다. 庚戌生으로 짝을 구하면 모든 복을 겸하게 된다.(春木水氣盛 寒木恐漂流 庚戌生 擇配 百福兼至)

삼각산인 해설

봄에 태어난 목일주가 지나치게 수왕(水旺)합니다. 1월생이므로 아직 초춘(初春)의 한기가 가시지 않았으므로 丙丁으로 한기를 제어해 주어야 합니다. 천간에 丁火가 투간하였으나 丁壬이 상합(相合)하여 작용을 잃은 것이 병입니다. 더불어 甲子일주는 도화살을 깔고 앉았으므로 기신도화(忌神桃花)로 주색으로 몸을 상할까 두렵습니다.

甲목의 재성은 未중의 己土인데 일지 子수와 子未 천(穿)을 이루므로 재성이 좌하 배우자궁에 진입하기 어렵습니다. 수왕(水旺)한 것이 병이므로 왕수의 범람을 막고자 한다면 戊土로 제방해야 합니다. 1살 아래 戊申生도 수다목부(水多木浮)를 치료하나 甲목의 禄지인 월지 寅목을 충하므로 배필로 들이지 못합니다. 甲목은 본래 庚금을 만나 쪼개져서 丁火를 생해야 쓰임새가 많아집니다. 이를 벽갑인정(劈甲引丁) 혹은 벽갑생화(劈甲生火)라고 합니다.

원국에 丁火는 투출했으나 합반되어 작용을 잃었고 甲목은 庚금을 만나지 못해 丁火를 생하기가 어려운 모습입니다. 다행히 시지에 申금을 만났으므로 申중의 庚금이 천간에 투간, 庚生이면 甲庚丁의 구조를 갖추어 좋은 인연으로 작용합니다. 지지의 길신이 천간으로 투간하여 인연을 취하는 것입니다.

따라서 戊土는 토극수로 왕수의 범람을 막아 줄 뿐만 아니라 寅戌회국하여 부족한 화기를 공급해주고, 庚금은 甲목을 다듬어 丁火를 잘 생해주니 庚戌生이 최고로 좋은 인연입니다.

수다목부(水多木浮)가 병이므로 토극수해주는 戌生이 인연이 되고 천간의 구조가 甲庚丁을 갖추어 벽갑생화(劈甲生火)하고자 하므로 庚금을 취용합니다. 따라서 庚戌生으로 인연을 삼습니다. 지지에 암장된 길신이 투간하여 인연이 된 경우입니다.

● **庚戌生 인연구결**

劈甲生火 甲목은 庚금을 만나 벽갑생화한다.
水多木浮 수다목부하니 戌토로 제방을 삼는다.

*수다목부(水多木浮)
수가 비록 목을 생하지만 水가 너무 많으면 목이 부목(浮木)이 된다. 甲乙木이 亥子월에 출생하여 水가 왕하면 수다목부가 된다.

*벽갑인정(劈甲引丁)
甲목이 庚금을 만나면 목을 쪼개어 丁화를 생한다. 벽갑생화(劈甲生火)도 같은 뜻이다.

제 7 부
기타인연법

년시근접하면 생시로 인연한다
年時近接

```
甲 丁 己 壬
辰 巳 酉 寅  乾 8
```

도계실관 해설
가을의 화가 온기를 만나 영화롭다. 용띠, 뱀띠로 배우자를 찾으면 길하다.(秋凉之火 逢溫而榮 辰巳生中 擇配最吉)

삼각산인 해설
酉월 丁화가 월령을 잃었으나 시지에 甲목이 투간하니 귀기(貴氣)를 지닙니다. 丁화는 계절을 막론하고 甲목의 생조를 기뻐하기 때문입니다. 적천수에서는 이를 '여유적모(如有嫡母: 丁화는 인수 甲목을 기뻐한다)'라고 합니다. 甲목이 위치한 시지는 자손궁에 해당하므로 출중한 자손을 두게 됩니다.

2살 아래 甲辰生은 丁화의 재성인 酉금과 합하므로 좋은 인연이 됩니다. 나아가 壬寅生과 시지 甲辰은 5년 이내 근접하므로 그대로 인연이 되기도 합니다.

丁화가 약하므로 巳午未 화왕지를 구하여 인연으로 취할 수도 있지만, 4살 아래 丙午生은 천간에 겁재 丙화가 개두되어 병탈정광(丙奪丁光: 丙화가 丁화의 빛을 빼앗는다)하므로 인연이 되지 않습니다. 丁未生 역시 비견 丁화가 투간되고 국중의 희신인 甲목의 묘지가 되므로 인연하지 않습니다. 乙巳生은 丁화의 왕지이면서 酉금재성과 합하므로 인연으로 취할 수 있습니다.

丁화는 甲庚丁의 구조를 이루어 화련진금(火煉眞金)하는 게 가장 좋은 효용을 이룹니다. 이 사주에서도 甲庚丁의 구조를 취하기 위해 庚金生을 배우자로 택하면 좋겠지만, 남자는 통상 연하의 배우자를 취하므로 2살 위의 庚子生을 배우자로 취하지 못합니다. 또한 연하인 庚戌生은 8살 아래로 너무 나이차이가 많으므로 배우자로 취하기 어렵습니다.

● 甲辰生 인연구결
年時近接 년시근접하면 생시로 인연한다.
合神定配 배우자성과 합하여 인연한다.

● 乙巳生 인연구결
合神定配 배우자성과 합하여 인연한다.

배우자성이 입고하면 개고하여 인연한다
開 庫 定 配

```
戊  己  癸  戊
辰  丑  亥  申  乾 8
```

도계실관 해설
추운 겨울의 토는 온난함을 좋아한다. 개띠 여자와 결혼하면 가장 좋다.(三冬寒土 喜逢溫暖 戌生得配 最吉之所)

삼각산인 해설
亥月 己토가 온기를 기뻐하는데 원국에 丙화를 갖추지 못한 것이 결점입니다. 다행히 운이 동남으로 흐르니 남방운에 발전합니다.

수왕절에 태어나 월령을 잃었으나 비겁이 조력하므로 태약한 것은 아닙니다. 戊辰시를 만나 己토의 재성인 수기가 辰토에 입묘해 있으니 재성 입고지를 辰戌상충으로 개고(開庫)하는 것이 길합니다. 따라서 개띠 庚戌生 여성과 인연하게 됩니다.

● **庚戌生 인연구결**
開庫定配 배우자성이 입고하면 개고하여 인연한다.

조후선요로 인연한다
調候先要

```
辛  己  丁  庚
未  亥  亥  戌   坤3
```

도계실관 해설
입동지절에 차가운 토가 따뜻함을 좋아한다. 말띠, 양띠로 남편을 구하면 길하다.(立冬之節 寒土喜溫 午未生中 擇君最吉)

삼각산인 해설
亥월 己토가 온기를 기뻐하는데 월상에 丁화가 투간하니 조후의 길신입니다.

따라서 丙丁화의 왕지인 巳午未生 중에 인연으로 취합니다. 4살 위인 丙午生은 월상에 투간한 丁화의 귀록지이니 좋은 인연이 됩니다. 丁未生은 丁화가 통근하는 자리이자 좌하 亥수와 亥未합국을 이루므로 인연입니다. 5살 위인 乙巳生은 배우자궁인 좌하 亥수와 巳亥상충하므로 인연으로 취하지 못합니다. 따라서 丙午, 丁未生만이 배우자의 인연으로 취할 수 있습니다.

● **丙午生 인연구결**
吉神歸祿 길신이 투간하면 녹왕지를 찾아 인연한다.
調候先要 조후선요로 인연한다.

● **丁未生 인연구결**
坐下合神 배우자궁과 합하여 인연한다.
調候先要 조후선요로 인연한다.

癸 庚 壬 癸
未 子 戌 卯 乾 5

도계실관 해설
庚금이 금수상관으로 수기를 띠니 따뜻한 기운을 좋아한다.
뱀띠나 양띠 중 배우자를 만나면 좋다.
(庚金秀氣 自喜溫地 巳未生中 擇配最吉)

삼각산인 해설

戌月 庚金이 천간에 壬癸가 투간하여 금수상관을 이룬다. 금수상관은 희견관성(喜見官星)이라 丙丁화가 있어야 귀격을 이룹니다. 戌월은 본래 화기를 저장하는 계절인데 천간이 모두 금수로만 이루어졌으므로 추위를 다스리지 못하고 있습니다. 따라서 巳午未 남방화지로 인연을 취하게 되는 셈입니다.

乙巳生은 庚금의 재성인 乙목이 乙庚합하고 조후의 길신인 丙화가 귀록하므로 좋은 인연입니다. 4살 아래 丁未生은 戌중 암장된 丁화가 천간으로 투간하여 庚丁壬의 천간구조를 완성, 식신합관격을 이루게 하므로 배필로 인연하게 됩니다.

丙午生은 좌하 子수와 子午상충하므로 배우자궁에 진입할 수 없으므로 인연으로 취하지 못합니다.

● 乙巳生 인연구결

配星透干 배우자성이 투간하여 인연이 된다.

● 丁未生 인연구결

吉神透干 길신투간하여 인연한다.
火煉眞金 庚금과 丁화는 화련진금으로 인연한다.

기신합거로 인연한다
忌神合去

```
丙 己 庚 辛
寅 卯 子 丑  乾3
```

도계실관 해설
추운 겨울의 토가 온기를 기뻐한다. 호랑이띠, 토끼띠, 뱀띠, 말띠 중에 인연을 구하면 길하다.(三冬寒土 喜逢溫氣 寅卯巳午生 此中擇配吉)

삼각산인 해설
추운 겨울에 태어난 己土가 시상에 丙화를 보아 해동(解凍)하므로 귀격입니다. 희신이 시상에 투간하였으니 자손이 영달하게 됩니다.

寅卯生을 좋은 인연으로 판단한 것은 己는 甲을 불러 인연하는 특성이 있는데, 원국 지지의 장간의 일시가 寅卯로 구성되었으므로 그대로 해당하는 띠를 인연으로 취하는 것입니다. 일시(日時)는 배우자와 자식궁으로 가정(家庭)을 나타내는 까닭입니다.

3살 아래 甲辰生도 양토육목으로 인연이 될 듯하나 辰토가 재성을 입묘시키므로 배우자로 취하기 어렵습니다.

천간에 庚辛이 나란히 투간하여 식상이 혼잡한 것이 탁합니다. 따라서 식상혼잡을 해결하는 것이 필요한데, 일원 己토의 좌하 卯중의 乙木이 飛出하여 乙庚합으로 庚금을 합거(合去)하는 것이 묘합니다. 따라서 길신 丙화의 귀록지이자 庚금을 합거하는 乙巳生이 가장 좋은 인연일 듯 합니다. 己토의 재성은 월지 子중 壬癸水인데 子丑합으로 합반된 것이 흠입니다. 따라서 子丑합을 충으로 해소해 주는 丙午生도 배우자의 인연으로 좋습니다.

● 壬寅生/癸卯生 인연구결
壤土育木 甲목과 己토는 양토육목으로 인연한다.

● **乙巳生 인연구결**
吉神歸祿 길신이 투간하면 녹왕지를 찾아 인연한다.
忌神合去 기신합거로 인연한다.

● **丙午生 인연구결**
吉神歸祿 길신이 투간하면 녹왕지를 찾아 인연한다.
配星合絆 배성합반되면 충하여 인연한다.

丙 壬 戊 庚
午 戌 寅 戌 乾8

도계실관 해설
호랑이띠, 토끼띠 중 인연을 구하면 가장 길하다.
(寅卯生中 擇配最吉)

삼각산인 해설
壬수가 寅월 病지에 태어나 지지에 寅午戌 화국을 이루어 화토가 세력을 이루었습니다. 戊토는 습기를 만나지 못하여 조열하므로 庚금을 생하지 못하고 壬수를 제어하고 있으니 화토가 금수를 제압한 형세입니다. 이른바 火土에 종하는 격입니다.

따라서 壬수를 생하고 있는 庚금이 기신이 되므로 庚금의 태절

(胎絶)지인 寅卯生으로 인연을 취합니다. 특히 5살 아래 乙卯生은 庚금과 乙庚合을 이루어 기신을 합거함과 동시에 좌하 戌토와 卯戌합을 이루어 더욱 좋은 인연이 됩니다.

● 乙卯生 인연구결

忌神合去 기신합거로 인연한다.
坐下合神 배우자궁과 합하여 인연한다.

편집후기

궁합 무용론[2]
- 남녀의 인연은 전생에서 온다.(夫妻因緣宿世來)

봄 가을이 되면 궁합을 보러 오는 사람이 늘어난다. 인륜의 대사라고 일컬어지는 결혼에 대한 불안감, 과연 자신의 결혼생활이 행복할 수 있을 것인가의 의문…이런 심리가 사람들로 하여금 궁합에 대한 궁금증을 유발시키는 것 같다.

---

2) 삼각산인,『교양으로 읽는 사주명리』, 라이트하우스인, 2022.에서 인용

학문적 견지에서 궁합이란 남녀 한 쌍의 사주원국에서 재관인식(財官印食)의 희기, 운로의 순역을 따지는 일이다. 이러한 원칙들이 비슷한 경우를 좋은 궁합이라고 할 수 있기 때문에 좋은 궁합이란 대단히 주관적일 수밖에 없다. 남이(南怡) 장군에 관한 일화는 좋은 궁합의 일례를 보여준다.

  어느 날 남이는 홍시를 먹고서 죽어가는 권람의 딸을 구한 인연으로 혼담이 오가게 되었다. 권람은 장안의 이름난 술객 홍계관에게 궁합을 물었다. 홍계관은 남이의 사주를 평하기를 '25세에 병조판서에 오를 것이요, 28세면 죽을 것이지만, 권람의 딸은 그보다 더 단명하고, 후사도 없을 터이니 천생배필'이라고 했다. 과연 권람의 딸은 남이보다 일찍 세상을 떠났고 남이도 역시 28세에 모함을 받아 죽고 말았다.

  명리의 금언(禁言)에 '연불언(緣不言: 남녀의 인연을 말하지 말라)'이라는 것이 있다. 궁합의 시비를 논함으로써 남녀의 인연을 끊어버리거나 서로에게 상처주는 것을 경계한 말이다. 본래 궁합은 서로를 대면하기 전에 보는 것이지, 인연이 맺어진 뒤에 보는 것은 아니다.

  서로 미래를 약속하고 결혼을 앞둔 시점에서 궁합을 본다는 것은 배우자에 관한 결례일 뿐이다. 게다가 궁합이 맞지 않으면 결혼을 재고해 보겠다는 속셈이 깔려 있다면, 심각한 문제가 아닐 수 없다. 선학들이 연불언을 말한 것은 남녀의 인연이 단순히 세속적 계산으로만 가늠될 수 없다는 것을 강조한 것이다.

명리의 고전 「적천수」에는 이것을 '부처인연숙세래(夫妻因緣宿世來)'란 구절로 표현하고 있다. 여기서 숙(宿)은 숙명이란 뜻으로 남녀의 인연은 본래 숙명적이란 의미이다. 실제로 부부의 사주를 놓고 비교해 보면 부부의 인연이 과연 숙명적임을 느낀다.

남편의 희기(喜忌)가 부인의 사주에서 나타나고, 부인의 희기 역시 남편의 사주에서 발견된다. 남편의 건강이 위험한 시기에 부인의 사주원국에서 남편운은 악운으로 접어든다. 이런 사실은 부부란 인생의 행로가 일치하는 사람들이라는 것을 반증해 준다.

주역의 세계관에 심취했던 17세기 독일의 철학자요, 수학자인 라이프니쯔는 '예정 조화설'이라는 학설을 내 놓았었다. 이 학설의 골자는 독립된 관현악단이나 합창단이 저마다의 악보를 연주하지만 지휘자에 의해서 조화를 이루고 있듯이 각각의 단자들이 세상에 존재하는 방식도 각각이 지닌 법칙에 의해서 보이지 않는 힘으로 조화되고 있다는 이론이다. '예정 조화설'로 부부의 인연을 바라본다면 좀 더 파악하기가 쉬워진다.

처음에는 우연(偶然)적일 수 밖에 없는 남녀의 만남은 운명의 상호작용에 의해서 서로에게 동질감을 느끼게 하고 결혼이란 인연을 맺게 한다. 그러므로 자신이 바르지 않고서 올바른 상대를 구하고자 하는 것은 지나친 욕심이다.

하늘은 늘상 조화를 이루려고 하기에 자신과 비슷한 사람을 배우자로 만나게 한다. 탕남(蕩男)은 탕녀(蕩女)와 만나고, 과부가 될 여자는 단명할 사람과 만나며, 고아한 선비는 요조숙녀와 만난다.

궁합을 보고 배우자를 선택하는 것은 세속의 안락함을 구하려는 인간의 간교한 잔꾀에 불과하다. 인간의 잔꾀로 천도(天道)의 법칙을 막는 것은 역부족이다. 세사(世事)의 어지러움으로부터 떠난 어떤 사람은 인간의 잔꾀를 이렇게 탄식했다.

"모든 일의 분수는 이미 정해져 있는데, 덧없는 인생들은 공연히 서둘기만 하는구나.(萬事分已定 浮生空自忙)"

참고문헌

원전

任鐵樵,『滴天髓闡微』.
徐樂吾,『滴天髓補註』.
徐樂吾,『造化元鑰評註』.
沈孝瞻,『子平眞詮評註』.
徐升,『淵海子平』.
張楠,『命理正宗』.
『巾箱秘術』.

외국서적

宋英成,『八字眞訣啓示錄』(風集), 武陵出版社.
張耀文,『四柱推命術奧義:滴天髓註釋』, 香草社.

국내서적

박재완,『명리요강』, 역문관서우회.
박재완,『명리사전』, 너른터.
박재완,『도계실관』, 너른터.
이무학,『명리정문』, 양북문화사.
이석영,『사주첩경』, 한국역학교육학원.
백영관,『사주정설』, 명문당.
신수훈,『명리강론』, 서지원.

간행위원장　　삼각산인

간행위원　　고순영　박덕선　김영주
　　　　　　　김문정　김동현　남경훈
　　　　　　　신재억　정명자　심종옥
　　　　　　　안형용　임성환　임은자
　　　　　　　정원영　정학균　지연옥
　　　　　　　황남준　손수창　홍삼의

사주첩경과 도계실관을 중심으로
사주 육친론 깊이 읽기

초판 1쇄	2022년 3월 25일
초판 2쇄	2023년 1월 10일
지은이	삼각산인

책임편집	민규성
에디터	유민정 김혜림 박주희
디자이너	김정아
마케팅	박민호 김창원
영업 유통	㈜성운도서

펴낸곳	라이트하우스인
펴낸이	조남규
주소	경기도 고양시 일산동구 정발산로 43-20 센트럴프라자 301
대표전화	031-815-8298

출력·인쇄	효성TPS(주)

값	18,000원
ISBN	979-11-971127-5-1
출판등록	제 2020-000108 호

라이트하우스인(LIGHTHOUSEIN)은
등대(LIGHTHOUSE)를 비추는 사람(人)과 등대 안(IN)을 뜻합니다.
어둠 속에서 길을 찾는 사람에게 밝은 빛으로 안내하는 등대처럼
미디어 문화 창출에 앞장서는 기업이 되겠습니다.
라이트하우스인은 좋은 글을 만드는 글방(WRITE HOUSE)을 지향합니다.
라이트하우스인은 세상에 유익한 콘텐츠를 만들어가는 바른 기업(RIGHT HOUSE)을 추구합니다.

이 책은 저작권법에 의해 보호를 받는 저작물이므로 무단 전재와 복제를 금합니다.